Neue
Kleine Bibliothek 329

Aert van Riel

Der verschwiegene Völkermord

Deutsche Kolonialverbrechen in Ostafrika und ihre Folgen

PapyRossa Verlag

Luxemburger Str. 202, 50937 Köln
Tel.: +49 (0) 221 – 44 85 45
Fax: +49 (0) 221 – 44 43 05
E-Mail: mail@papyrossa.de
Internet: www.papyrossa.de

Umschlag: Verlag
Coverabb.: Public Domain
Druck: Interpress

Die Deutsche Nationalbibliothek verzeichnet diese Publikation in der Deutschen Nationalbibliografie; detaillierte bibliografische Daten sind im Internet über http://dnb.d-nb.de abrufbar

ISBN 978-3-89438-812-6

Inhalt

Einleitung

Heldengeschichten müssen nicht aufwendig präsentiert werden. Manchmal reichen schon ein paar Sätze auf einer Tafel, an der viele Menschen vorbeigehen, um für Aufmerksamkeit zu sorgen. Eine solche Geschichte können Besucher des Nationalmuseums von Tansania nachlesen, das sich in der Hafenstadt Dar es Salaam am Indischen Ozean befindet. Hier wird das Leben von Nduna Mkomanile erzählt. Sie hatte zu Beginn des 20. Jahrhunderts gemeinsam mit vielen anderen Menschen Widerstand gegen die Herrschaft des Deutschen Kaiserreichs in der Kolonie Ostafrika geleistet, zu der nicht nur Tansania (ohne Sansibar), sondern auch die heutigen Staaten Ruanda und Burundi sowie ein kleiner Teil des heutigen Mosambik gehörten.

Der Text über das Leben von Nduna Mkomanile ist in der Landessprache Kiswahili verfasst und wurde, im Unterschied zu vielen anderen schriftlichen Quellen des Museums in Dar es Salaam, nicht ins Englische übersetzt. Nduna Mkomanile wird als mutige Frau beschrieben, die half, das »Maji«, das Kiswahili-Wort für »Wasser«, unter den antikolonialen Befreiungskämpfern zu verteilen. Es handelte sich um eine Art Zauberwasser, das zwar nicht, wie es die Verteiler der Flüssigkeit versprochen hatten, dazu führte, dass sich die deutschen Gewehrkugeln in Wasser verwandelten, aber es machte den Ostafrikanern im Kampf gegen die übermächtigen Deutschen und deren Verbündeten Mut.

Nach zweijährigem Widerstand verloren sie diesen Kampf, der als Maji-Maji-Krieg in die Geschichte eingegangen ist, im Jahr 1907. Die Deutschen erklärten den Krieg für beendet und die Kolonie für

»befriedet«. Die letzten Militäraktionen der Maji-Maji-Krieger endeten ein Jahr später erfolglos.

Nduna Mkomanile hat das nicht mehr miterlebt. Die Ngoni-Herrscherin wurde am 27. Februar 1906 gemeinsam mit 66 weiteren lokalen afrikanischen Anführern von der deutschen Kolonialverwaltung zum Tode verurteilt und hingerichtet. Nduna Mkomanile war die einzige Frau unter den Opfern, die in Songea am Galgen starben. Von ihr wird später ausführlicher die Rede sein. In diesem Ort im Süden Tansanias ist der 27. Februar noch immer ein Anlass zum Gedenken an das koloniale Unrecht. Die Veranstaltungen sind für das Land und seine Einwohner von so großer Bedeutung, dass auch tansanische Politiker daran teilnehmen.

Fast alle erwachsenen Tansanier haben schon einmal etwas von dem Maji-Maji-Krieg gehört. Entweder durch Erzählungen in der Familie oder in der Schule. Bereits in der Grundschule lernen Kinder die wichtigsten Fakten über den Krieg: Jahreszahlen, die Namen der Unabhängigkeitskämpfer, die ethnischen Gruppen, die sich daran beteiligten, und die Orte, wo er stattgefunden hat. Der Maji-Maji-Krieg gilt als einer der größten Kriege, die in Afrika während der Zeit des Kolonialismus ausgefochten wurden. Der tansanische Historiker Oswald Masebo, der in den 20er Jahren des 21. Jahrhunderts an der Universität in Dar es Salaam lehrt, spricht in Bezug auf die deutsche Kolonialherrschaft von einer »traumatischen Zeit«, die sich tief in das Gedächtnis der Nation eingebrannt habe.[1]

Allein die hohen Opferzahlen geben einen Hinweis darauf, wie groß die Verbrechen waren, die im Namen des Deutschen Reiches im heutigen Tansania begangen wurden. Sie waren sogar noch höher als in Südwestafrika, wo die Deutschen auf dem Gebiet des heutigen Staates Namibia einen Völkermord verübten. Dies geschah in den Jahren 1904 bis 1908, also etwa zur gleichen Zeit, in der in Ostafrika der Maji-Maji-Krieg tobte.

Der tansanische Historiker Gilbert Clement Kamana Gwassa, der im Jahr 1973 seine Dissertation zum Maji-Maji-Krieg an der Universität Dar es Salaam einreichte, kam in seinen Forschungen zu dem Ergebnis, dass die Bevölkerung in einigen Regionen der Kriegsgebiete vernichtet wurde.[2] Die meisten Menschen starben nicht während der Kampfhandlungen, sondern durch eine Hungersnot und Epidemien nach dem Maji-Maji-Krieg. Verantwortlich hierfür war die deutsche Strategie der »verbrannten Erde« in Ostafrika.

Mit diesem Begriff wurde etwa 35 Jahre nach der gewaltsamen Niederschlagung der Erhebungen im heutigen Tansania auch das Vorgehen der Wehrmacht während ihres Rückzugs aus der Sowjetunion beschrieben, nachdem sie schwere militärische Niederlagen gegen die Rote Armee hatte hinnehmen müssen. Die »verbrannte Erde« symbolisiert die totale Zerstörung, um den Gegner zu schwächen. Das ist allerdings nicht der einzige Grund. Hinzu kamen der rassistische Wahn und der Hass auf die Zivilbevölkerung, die sich gegen die Eindringlinge gewandt hatte. Auch hier gibt es Parallelen zwischen dem deutschen Vorgehen zu Beginn des 20. Jahrhunderts in Afrika und nach dem Überfall auf die Sowjetunion im Jahr 1941. Im Zweiten Weltkrieg verloren etwa 27 Millionen Sowjetbürger wegen des deutschen Vernichtungskrieges ihr Leben. Sie wurden ausgehungert, starben auf den Schlachtfeldern, in den Konzentrations- und Vernichtungslagern der Nazis oder bei Massakern. 1939 lebten insgesamt etwa 190 Millionen Menschen in der Sowjetunion.

Wenn man die Opferzahlen in Relation zur Gesamtbevölkerung setzt, wird der Vernichtungswille durch das Deutsche Kaiserreich auch in Afrika deutlich. Vor allem in den südlichen Regionen des heutigen Staates Tansania wurden nach dem Maji-Maji-Krieg auf deutschen Befehl die Dörfer, Felder und Getreidespeicher von den Kolonialtruppen zerstört. Der Historiker Gwassa schätzt, dass zwischen 250.000 und 300.000 Menschen durch den Krieg und seine Folgen ums Leben gekommen sind. Das entspricht einem Drittel der Bevölkerung in dem betroffenen Gebiet im Süden der Kolonie.[3]

Es ist Gwassa, der einige Jahrzehnte nach dem Krieg Interviews mit den letzten überlebenden Zeitzeugen geführt hat, und weiteren Historikern zu verdanken, dass inzwischen einige Publikationen zum Maji-Maji-Krieg vorliegen. Sie bauen alle auf den Forschungen der Afrikaner in den 1960er und 1970er Jahren auf. Diese waren erst nach der Unabhängigkeit von Tanganjika im Jahr 1961, das sich nach seiner Fusion mit dem Inselstaat Sansibar 1964 in Vereinigte Republik Tansania umbenannte, von der britischen Kolonialherrschaft möglich.

Die Ausrottung von Hunderttausenden Ostafrikanern ist in Deutschland, dessen Eliten sich gerne als Vorreiter bei der Aufarbeitung der eigenen Vergangenheit bezeichnen, noch immer kein großes Thema. Warum ist das so und warum ist der Umgang mit der kolonialen Vergangenheit in Deutschland und Tansania so unterschiedlich? Dieses Buch versucht, Antworten auf diese Fragen zu geben.

Für die Recherche habe ich Tansania zweimal in den Jahren 2022 und 2023 bereist und dort sowie in Deutschland mit vielen Menschen gesprochen. Es kommen Tansanier zu Wort, die sonst selten oder gar nicht in der Bundesrepublik gehört werden. Es sind unter anderem Aktivisten, Wissenschaftler und Diplomaten. Ich habe in Dar es Salaam und Umgebung der Stadt sowie in der Region Morogoro recherchiert. Die Passagen des vorliegenden Buches, die von anderen Regionen Tansanias handeln, basieren auf Interviews und Berichten in tansanischen Medien.

Um die Bedeutung des Kolonialismus für das Kaiserreich und den viele Jahrzehnte anhaltenden und weitverbreiteten Kolonial-Revisionismus in Deutschland verstehen zu können, ist es notwendig, sich zunächst einen Überblick über dieses Kolonialreich, die treibenden Kräfte der deutschen Kolonialpolitik und ihre Motive zu verschaffen.

1.
Deutsche Herrschaft in Ostafrika

1.1.
Das deutsche Kolonialreich

Afrikaner waren nicht vertreten, als bei der Berliner Afrika-Konferenz vom 15. November 1884 bis zum 26. Februar 1885 über die Zukunft des Kontinents beraten wurde. Im Sitzungssaal des damaligen Reichskanzlerpalais war eine große Karte aufgehängt worden, die den afrikanischen Kontinent zeigte. Zwischen Mittelmeer, Rotem Meer, dem Atlantischen und dem Indischen Ozean befanden sich die Objekte der Begierde der teilnehmenden Männer. Bilder von damals zeigen sie in feinem Zwirn. Viele trugen Schnurr-, Voll- oder Backenbärte. In ihrer Mitte saß der deutsche Reichskanzler Otto von Bismarck an einer langen Tafel. Er hatte die Vertreter der USA, des Osmanischen Reiches sowie zahlreicher europäischer Mächte in die Hauptstadt des Deutschen Kaiserreiches eingeladen. Angeblich soll sich Bismarck schon einige Jahre zuvor als »ehrlicher Makler« bezeichnet haben, der für einen Interessenausgleich unter den Großmächten sorgen wollte und dieses Vorhaben auch bei der Konferenz in Berlin verfolgte. Dieses Image genießt Bismarck, nicht nur in nationalkonservativen Kreisen, bis heute.

Der sogenannte Wettlauf um Afrika hatte schon vor der Konferenz begonnen. Europäische Großmächte wollten dort Ländereien in ihren Besitz bringen und ausbeuten. Dadurch stieg die Gefahr, dass sie sich auf dem Kontinent in die Quere kommen könnten. Um mögliche Konflikte, die sogar zum Ausbruch eines größeren Krieges hätten führen können, zu verhindern, trafen sich die imperialistischen Mächte in Berlin. Sie schlossen multilaterale Abkommen, die auch den Freihandel betrafen. Die Konferenz bildete die Grundlage für die fast restlose Aufteilung Afrikas in Kolonien. In Berlin wurden viele Pläne, welche die europäischen Mächte ohnehin bereits verfolgten, bestätigt.

Das Treffen wird auch als Berliner Kongo-Konferenz bezeichnet. Denn der belgische König Leopold II. erhielt im Zentrum von Afrika einen rohstoffreichen Privatstaat. Der Monarch errichtete im Kongo ein Schreckensregime. Belgien wollte dort unter anderem Kautschuk gewinnen und zwang die Einheimischen zur Arbeit. Wer sich nicht ausbeuten lassen wollte oder aus Sicht der Kolonialherren nicht genügend Erträge erzielte, dem drohten Amputationen, die Vergewaltigung von Angehörigen oder der Tod.

Besonders perfide war, dass sich die Konferenzteilnehmer in Berlin als Vorkämpfer gegen den Sklavenhandel bezeichneten und den Afrikanern angeblich zivilisatorischen Fortschritt und »freie Lohnarbeit« bringen wollten. In der abschließenden Generalakte zur Berliner Konferenz schrieben sie, man wolle die »Hebung der sittlichen und materiellen Wohlfahrt der eingeborenen Völkerschaften« fördern und »an der Unterdrückung der Sklaverei« und insbesondere des Menschenhandels mitwirken. Die Europäer verpflichteten sich demnach dazu, alle »zu Gebote stehenden Mittel anzuwenden, um diesem Handel ein Ende zu machen und diejenigen, welche ihm obliegen, zu bestrafen«.[4] Die Realität der Kolonialregime war freilich eine andere. Auf vielen Plantagen in Afrika arbeiteten neben Tagelöhnern und Vertragsarbeitern auch Sklaven. Ganz gleich, welchen Status sie hatten: Alle wurden unmenschlich behandelt.[5]

Auch das Deutsche Reich konnte zufrieden mit den Ergebnissen der Konferenz sein.

Entgegen seinen früheren Aussagen war seit einiger Zeit auch Otto von Bismarck der Meinung, dass das Deutsche Reich beim imperialen Wettstreit nicht mehr abseits stehen sollte. Das Kaiserreich erklärte in den Jahren 1884/85 Togo, Kamerun, Deutsch-Südwestafrika, Deutsch-Ostafrika und Deutsch-Neuguinea zu eigenen sogenannten Schutzgebieten. Mit Ausnahme kleinerer Besitzungen in der Südsee sowie dem chinesischen Kiautschou (1897) und Deutsch-Samoa (1899) war damit das deutsche Kolonialreich in nur wenigen Monaten komplettiert. Deutschland wurde zur viertgrößten Kolonialmacht.[6]

Bismarck amtierte noch bis 1890 als Reichskanzler und starb acht Jahre später. In dieser Zeit fand auf dem Thron des Deutschen Kaiserreiches ein Machtwechsel statt. Kaiser Wilhelm I. war alt und schwer krank. Er starb im März 1888. Wenige Monate später, im Sommer, erlag sein Nachfolger Friedrich III. einer Krebserkrankung. Neuer Kaiser wurde sein Sohn Wilhelm II. Der junge Mann, der bei seiner Thronbesteigung 29 Jahre alt war, betrieb eine hemmungslose Aufrüstungs- und eine imperialistische Kolonialpolitik. Er betrachtete die Kolonien auch als militärische Stützpunkte und baute vor allem die deutsche Flotte aus. Wilhelm II. rief die deutsche »Weltpolitik« aus und bemühte sich um weitere Kolonien. Damit verschärften sich die Konflikte mit anderen Kolonialmächten, vor allem Frankreich und Großbritannien.

Dass das Deutsche Reich einmal bei der Aufteilung Afrikas eine zentrale Rolle spielen würde, war einige Jahrzehnte zuvor noch undenkbar gewesen. Denn das Kaiserreich war vergleichsweise spät zu einer Kolonialmacht geworden. Die Seefahrernationen England, Frankreich, Portugal, Spanien, Dänemark und die Niederlande hatten bereits einige Jahrhunderte früher von der Ausbeutung der Menschen in den von ihnen besetzten Gebieten, der dortigen Rohstoffe und vom Handel mit Waren und Sklaven profitiert. Brandenburg-Preußen hatte sich ab 1680 um überseeischen Kolonialbesitz bemüht, diesen aber nur einige Jahre gehalten, und sich am kolonialen Sklavenhandel beteiligt. Auch die Kolonialpolitik der österreichischen Habsburgermonarchie endete im 18. Jahrhundert mit einem Misserfolg.

Nicht nur die Königs- und Fürstenhäuser hatten sich darum bemüht, an kolonialen Unternehmungen zu partizipieren, sondern auch deutsche Kaufleute. So erhielt die Augsburger Familie Welser im Jahr 1525 von der spanischen Krone die Erlaubnis, im heutigen

Venezuela siedeln zu lassen und etwa 4000 Sklaven zu nehmen. Die Welser machten Coro an der Karibikküste zu ihrer Hauptstadt und nannten sie »Neu-Augsburg«. Es folgten brutale Sklavenjagden im Landesinneren und blutige Expeditionen, bei denen die Welser auf der Suche nach Gold waren. 1546 wurden sie von den Spaniern aus dem Land geworfen.[7]

Die Ausgangslage für die Politik des deutschen Imperialismus änderte sich im Jahr 1871. Preußen und seine Verbündeten hatten ihre Gegner in Europa – Dänemark, Österreich und Frankreich – militärisch besiegt und das Deutsche Kaiserreich als Nationalstaat gegründet. Reichskanzler Otto von Bismarck bezeichnete den neuen deutschen Staat in dieser Zeit als saturiert. »Wir sind auf keine weiteren Gebietserweiterungen aus«, soll er erklärt haben.

Der Reichskanzler stand den Forderungen, wonach auch das Deutsche Reich eine Kolonialmacht werden sollte, zunächst skeptisch gegenüber. Das hatte keinen altruistischen Hintergrund. Bismarck ging vielmehr davon aus, dass die Kosten, welche etwa die Niederschlagungen von absehbaren Konflikten in den neuen Kolonien nach sich ziehen würden, größer seien als der ökonomische Nutzen für das Reich. Außerdem war seine Einschätzung bezüglich des Zustands der deutschen Flotte, die für eine erfolgreiche Kolonialpolitik unerlässlich war, nach der Reichsgründung realistisch. Bismarck wusste, dass sie in dieser Zeit nicht mit den Franzosen oder den Briten konkurrieren konnte. Doch im Laufe der Zeit wuchs der Druck auf den Reichskanzler und weitere deutsche Kolonial-Skeptiker. Gründe für Bismarcks Meinungswechsel waren unter anderem die Interessen des deutschen Kapitals und die nationalistische Stimmung im Land. Eine treffende Analyse lieferte hierzu der linke Politiker und Journalist Karl Radek in seiner Schrift »Der deutsche Imperialismus und die Arbeiterklasse« von 1911. Diese Untersuchung legt nahe, dass die deutsche Regierung lange Zeit die Fragen der Weltpolitik den Schwierigkeiten ihrer europäischen Lage untergeordnet hatte. Um als Nationalstaat bestehen zu können, musste das neu entstandene Kaiserreich auf dem europäischen Kontinent Bündnisse schließen. Eine enge Verbindung bestand durch den Zweibund von 1879 mit Österreich-Ungarn. Daraus entstand drei Jahre später der Dreibund mit dem Königreich Italien, dem bald darauf auch Rumänien beitrat. Erst als sich die deutsche Bourgeoisie fette Gewinne durch die Kolonialpolitik erhoffte, wandte sich die deutsche Außenpolitik verstärkt auch den Regionen jenseits von Europa zu.

Ende des 19. Jahrhunderts sahen die Deutschen die Möglichkeit, sich in China festzusetzen. Ziel war es, den chinesischen Markt für die deutsche Industrie zu öffnen. Als in der Provinz Schandung zwei deutsche Missionare getötet wurden, nahm die deutsche Regierung, dies zum Anlass, am 14. November 1897 den Hafen Kiautschou zu besetzen. Für Karl Radek war dies der endgültige Eintritt Deutschlands in die Bahnen der Weltpolitik. Denn im Unterschied zu Afrika, wo sich das Kaiserreich bereits festgesetzt hatte, galt China damals als wichtigstes außereuropäisches Handelsgebiet.

Mit Blick auf Frankreich und Großbritannien sowie die wachsenden Weltreiche dieser beiden Staaten hatten große Teile der deutschen Kapitalistenklasse immer lauter gefordert, auch ihre Regierung solle eine solche Politik betreiben. »Einmal im Sattel, reißt der Imperialismus auch solche Schichten des Bürgertums mit sich, die ihm anfangs Widerstand geleistet haben. Das Kleinbürgertum, das der Kolonialpolitik feindlich gegenüberstand, weil sie ihm nur neue Lasten auferlegte, die Handelsbourgeoisie, die die geringen Erträge des deutschen Kolonialbesitzes den großen Profiten aus dem Handelsverkehr mit den kapitalistisch entwickelten Ländern gegenüberstellte, alle diese Schichten gerieten in den Bann des Imperialismus, als er Aussichten auf neue Eroberungen eröffnete«, schrieb Radek. »Das Kleinbürgertum wurde von der nationalen Phrase in Gefangenschaft genommen, mit der der Imperialismus seine Geschäfte zu umgeben verstand, während die Handelsbourgeoisie von den Aussichten auf Profit geblendet wurde.«

Radek bewertete im Jahr 1911, also drei Jahre vor Beginn des Ersten Weltkrieges, den deutsch-britischen Gegensatz als einen kapitalistischen Gegensatz, »der nicht aus der Welt geschafft werden kann, solange das englische Kapital den Anspruch auf Weltherrschaft erhebt und das deutsche einen Teil dieser Herrschaft für sich gewinnen will«. Dieser Gegensatz wurde unter anderem in Afrika deutlich, wo das Kaiserreich sich auch deswegen um Kolonien bemühte, weil es den Briten Konkurrenz machen wollte. Zunächst einigten sich die beiden Mächte Ende des 19. Jahrhunderts und um die Jahrhundertwende. Sie schlossen Abkommen und steckten die Einflusssphären fest. Erst während des Ersten Weltkrieges bekämpften sich Briten und Deutsche auch in Afrika.[8]

Die mit Abstand größten Gebiete des deutschen Kolonialreiches befanden sich auf dem afrikanischen Kontinent. Bismarck förderte die privaten Handelsgesellschaften, die sich dort niederlassen wollten. Deren Stützpunkte wurden durch deutsches Militär gegen widerständige Einheimische, welche die Fremdherrschaft und die Ausbeutung durch die Deutschen ablehnten, und gegen andere imperialistische Staaten abgesichert.

In den afrikanischen Kolonialgebieten wurden vor allem Rohstoffe ausgebeutet und nach Europa exportiert, die im Zuge der Industrialisierung und der Entwicklung des kapitalistischen Systems benötigt wurden. Die Nationen und Unternehmen konkurrierten miteinander um diese Rohstoffe. Industrie und Wirtschaft hatten seit der Reichsgründung 1871 einen rasanten Aufschwung genommen. Kautschuk brauchte man in der Fahrrad-, Auto- und Elektroindustrie, Palmöl wurde in der Chemieindustrie weiterverarbeitet und Baumwolle für die Textilherstellung verwendet. Hinzu kamen die sogenannten Kolonialwaren, darunter Kaffee, Pfeffer und Tabak, sowie Tierhäute, Felle und Elfenbein. Die einheimische Bevölkerung wurde zur Arbeit gezwungen, die für die kolonialen Herrscher von Nutzen war. Vorher waren diese Menschen von den deutschen Kolonialherren in eine Steuerschuld gedrängt worden, die sie niemals begleichen konnten. Dieses Ausbeutungsverhältnis war eine wichtige Ursache für spätere Widerstände gegen die Okkupanten.

Die christlichen Kirchen leisteten eine nicht zu unterschätzende Unterstützung für die Kolonialregime. Regierungen der europäischen Staaten verkündeten, dass das Christentum in der Welt verbreitet werden müsse. Die Kirchenvertreter waren bemüht, den Menschen in den Kolonien einzureden, dass die Europäer ihnen Fortschritt und Zivilisation brächten. Auch auf diesem Weg sollten sie gefügig gemacht werden. Seit das Deutsche Reich unter anderem Gebiete in Afrika unterworfen hatte, zogen auch Missionare dorthin. Sie wollten einerseits die Kolonisatoren durch geistliche Betreuung unterstützen und andererseits den afrikanischen »Heiden«, wie sie von den deutschen Kirchenleuten genannt wurden, unter Druck setzen, sich dem Christentum anzuschließen. Zwar wird inzwischen von kirchlicher Seite zuweilen eine Mitschuld an dem Unterdrückungssystem in den Kolonien eingeräumt, allerdings auch eine »differenzierte Sicht« der Dinge angemahnt, wonach die Missionare den Einheimischen etwa ein Bildungsangebot zur Verfügung gestellt hätten, das durchaus auch »emanzipatorisches Potenzial« gehabt habe.[9]

Ein kritisches Urteil zur Rolle deutscher Kirchenleute in Übersee fällen hingegen einige Historiker. Einer von ihnen ist Richard Hölzl, Dozent an der Universität Göttingen. Er erklärte bei einer Online-Vorlesungsreihe an der Universität Frankfurt am Main Ende des Jahres 2020, dass die kolonisierten Gesellschaften von den europäischen Kirchenleuten als primitiv, unzivilisiert und unmoralisch dargestellt wurden. Die imperialistischen Staaten wollten, dass die Afrikaner Gewalt als Herrschaftsmittel akzeptierten und selber keine Gewalt gegen ihre Unterdrücker anwendeten. »Da hat Missionierung eine ganz starke Rolle in der Legitimierung von kolonialer Herrschaft gespielt«, erklärte Hölzl.[10]

Das Deutsche Kaiserreich verlor den Ersten Weltkrieg 1918 und musste sich einem Friedensvertrag beugen. In einem Teil dieses Versailler Vertrags von 1919 zwischen den Siegermächten und dem Deutschen Reich wurde festgelegt, dass die Unterlegenen im Krieg auch ihre Kolonien verlieren sollten.

Die nationalistische Stimmung und die Begeisterung für imperialistische Politik waren in weiten Teilen der deutschen Parteienlandschaft und der Bevölkerung ungebrochen. Nahezu alle Parteien des Kaiserreiches und später der Weimarer Republik waren davon überzeugt, dass Deutschland grundsätzlich ein Anrecht auf Kolonien habe. Die Abgeordneten stimmten Anfang 1919, also noch während die Versailler Friedensverhandlungen liefen, in der Weimarer Nationalversammlung mit großer Mehrheit für eine Resolution, in der die bedingungslose Rückgabe der Kolonien gefordert wurde. Nur sieben Abgeordnete der USPD, einer linken Abspaltung der SPD, stimmten dagegen.[11]

Die kurz zuvor gegründete Kommunistische Partei Deutschlands nahm erst 1920 an den Wahlen teil und gehörte deswegen erst später dem Parlament an. Rudolf Hilferding und Rosa Luxemburg hatten zuvor für den linken sozialistischen Flügel eine systematische, antikolonialistische Theorie entwickelt. Beide wurden später von den Nazis beziehungsweise ihren Vorgängern – rechtsradikalen, regierungstreuen Soldaten – ermordet. Hilferding starb 1941 in Paris, Luxemburg 1919 in Berlin.[12]

Die Kritik am Kolonialismus und Imperialismus gehörte auch zum Gründungskonsens der KPD. Sie gab in ihrem Programmentwurf von 1922 das Ziel der »Befreiung der kolonial- und halbkolonialen Völker von imperialistischer Knechtung und Unterdrückung« aus und rief »zum revolutionären Kampf gegen den imperialistischen Krieg und zur Vernichtung der imperialistischen Friedensverträge« auf. Die KPD sah nach der erhofften Befreiung der kolonisierten Gebiete keine andere Option als deren Entwicklung zu Räterepubliken.[13]

Dagegen waren selbst im sozialdemokratischen Spektrum führende Politiker dem Kolonialismus gegenüber nicht zu jeder Zeit vollständig abgeneigt. Wobei allerdings auch betont werden muss, dass die SPD einen Schlingerkurs fuhr. Noch 1889 hatte August Bebel, einer der Begründer und führender Politiker der deutschen Sozialdemokratie, den Kolonialismus in seiner Gesamtheit als »Ausbeutung einer fremden Bevölkerung in der höchsten Potenz« gebrandmarkt. Doch davon rückten er und weitere Sozialdemokraten schrittweise ab. Sie wollten sich schließlich nicht dem Vorwurf aussetzen, unpatriotisch zu sein.

Einige Jahre später meinte Bebel: »Kolonialpolitik an und für sich ist kein Verbrechen. Es kommt nur darauf an, wie die Kolonialpolitik betrieben wird.«[14] Kolonialpolitik zu treiben, könne unter Umständen eine Kulturtat sein, so Bebel. »Kommen die Vertreter kultivierter und zivilisierter Völkerschaften, wie es zum Beispiel die europäischen Nationen und die nordamerikanische sind, zu fremden Völkern als Befreier, als Freunde und Bildner, als Helfer in der Not, um ihnen die Errungenschaften der Kultur und Zivilisation zu überbringen, um sie zu Kulturmenschen zu erziehen, geschieht das in dieser edlen Absicht und in der richtigen Weise, dann sind wir Sozialdemokraten die ersten, die eine solche Kolonisation als große Kulturmission zu unterstützen bereit sind.« Auch das Mittel der Gewalt war aus Sicht einiger führender Sozialdemokraten geeignet, um den »unterentwickelten Kulturen« die vermeintlichen Errungenschaften der angeblich höherstehenden »westlichen Kultur« zu bringen.[15]

Das Bebel-Zitat, in dem der Kolonialismus nicht mehr vollständig abgelehnt wird, stammt aus der Zeit vor den Reichstagswahlen im Jahr 1907. Für diese wurde auch der rassistische Begriff »Hottentottenwahlen« benutzt. »Hottentotten« war in Deutschland eine abwertende Bezeichnung für die Nama, die sich nach den Herero gegen die deutsche Kolonialherrschaft in Südwestafrika erhoben hatten und Opfer der deutschen Vernichtungspolitik wurden. Noch im 21. Jahrhundert wird der Begriff »Hottentotten« in Deutschland von einigen Menschen verwendet. Inzwischen ist es eine Redewendung, wenn jemand chaotisch, unordentlich oder auch »unzivilisiert« ist, sich also rüpelhaft verhält. Auch dies ist ein Beleg dafür, dass es in Deutschland nie eine umfassende und kritische Aufarbeitung der Kolonialzeit gegeben hat.

Die Reichsregierung forderte im Jahr 1906 einen Nachtragshaushalt in Höhe von 29 Millionen Mark zur Unterstützung der Kolonialtruppen und für den Bau einer Eisenbahn in Südwestafrika, die ebenfalls militärischen Zwecken dienen sollte. Die SPD, die katholische Zentrumspartei und die polnische Fraktion lehnten dies mit ihrer Mehrheit im Reichstag ab. Deswegen waren Neuwahlen angesetzt worden.

Bei der ersten Abstimmung für die Bewilligung der Kriegskredite im Jahr 1904 hatten sich die sozialdemokratischen Abgeordneten allerdings noch der Stimme enthalten. Als Begründung dafür, dass sie nicht mit Nein stimmten, musste herhalten, dass die militärischen Maßnahmen angeblich dem Schutz der weißen Siedler in Südwestafrika vor den Widerstandskämpfern dienten. Erst als die Gräueltaten der sogenannten Schutztruppe bekannt wurden, änderten die Sozialdemokraten ihre Meinung.[16]

Das politische Lager, das die Finanzen für den Krieg bereitstellen wollte, der zu einem Völkermord an den Herero und Nama führte, ging siegreich aus den Reichstagswahlen hervor. Die Regierung konnte sich auf konservative, liberale und nationalliberale Abgeordnete stützen.

In den Folgejahren gewannen die Politiker in der SPD an Einfluss, die meinten, dass man die deutsche Kolonialpolitik reformieren könnte und dann aus linker Sicht nicht mehr ablehnen müsse. Nach ihrer Niederlage bei den Reichstagswahlen 1907, die nicht auf geringe Unterstützung, sondern unter anderem auf ein undemokratisches Wahlsystem zurückzuführen war, und nach Beendigung des Krieges in Südwestafrika stimmten einige Sozialdemokraten in den nationalistischen Chor ein. Sie meinten, dass der Besitz von Kolonien für das Deutsche Kaiserreich ökonomisch notwendig sei und dem Gemeinnutz des Deutschen Kaiserreiches diene. Der Historiker Ulrich van der Heyden nennt in diesem Zusammenhang die Namen von Gustav Noske, der nach dem Ersten Weltkrieg verantwortlich für die blutige Niederschlagung revolutionärer Arbeiter in Deutschland und in die Ermordung von Rosa Luxemburg und Karl Liebknecht verwickelt war, und Eduard Bernstein. Van der Heyden bezeichnet die beiden Sozialdemokraten als »kolonialfreundliche Revisionisten«.[17]

Damit stellten sich diese Sozialdemokraten nicht nur gegen die Ausgebeuteten in den Kolonien, sondern auch gegen die Interessen der einheimischen Arbeiterklasse. Karl Radek hatte nachgewiesen, dass der Imperialismus das Wachstum der Steuerlast der Arbeiterklasse und die wachsende Teuerung der notwendigsten Lebensmittel verursacht hatte. Als entscheidende Ursache sah er die großen Aufrüstungsprogramme des Kaiserreiches, die mit der Kolonialpolitik einhergingen.[18]

Die Unterordnung unter den deutschen Imperialismus und seine Ziele war auch die Grundlage für die spätere Zustimmung der SPD zu den Kriegskrediten im Jahr 1914. Die imperialistische Konkurrenz hatte in dem genannten Jahr den Ersten Weltkrieg und somit Tod und Zerstörung in einem bisher nicht bekannten Ausmaß zur Folge.

Ursächlich hierfür war auch das deutsche Streben nach einem »Platz an der Sonne«, wie es der damalige Reichskanzler Bernhard von Bülow in einer Reichstagsdebatte zur deutschen Kolonialpolitik am 6. Dezember 1897 formuliert hatte. Die Menschen, die an diesem Platz lebten, wurden massakriert, wenn sie sich gegen die Eindringlinge zu Wehr setzten. Das galt nicht nur für Südwestafrika, sondern auch für fast alle anderen deutschen Kolonien.

In kaum einer anderen Region litten die Menschen so sehr wie in Ostafrika. Dort begangen die deutschen Kolonialtruppen während des Maji-Maji-Krieges 1905 bis 1908 und in den Jahren danach den zweiten Völkermord des 20. Jahrhunderts. Er stand nicht am Anfang, sondern am Ende zahlreicher Konflikte zwischen den Einheimischen und der neuen Kolonialmacht sowie ihren Unterstützern. In den Jahren vor dem Ausbruch des Maji-Maji-Krieges wurden mehrere Erhebungen durch die deutschen Herren brutal niedergeschlagen.

1.2.
Erste Widerstände gegen die Kolonisierung Ostafrikas

Noch in den 1980er Jahren blickte der Bronzekopf von Carl Peters unter einem Tropenhelm auf die Nordsee. Der Rassist und Kolonialist war schon lange tot, aber für manche Rechtsradikale ein unvergessener Held. Traditionsverbände, die sich dem einstigen Imperialismus des Deutschen Kaiserreichs verbunden fühlten, hatten sich dafür eingesetzt, dass im Jahr 1966 eine Peters-Büste, die von einer im Zweiten Weltkrieg bei einem Luftangriff zerstörten Statue übrig geblieben war, vor der Jugendherberge der Insel Helgoland aufgestellt wurde. Niemand störte sich auf der Nordseeinsel an dem Denkmal für Carl Peters, bis immer mehr Publikationen gedruckt wurden, unter anderem in der Hamburger Wochenzeitung *Die Zeit*, in denen die einstigen Gräueltaten des Mannes während der Kolonialzeit in Ostafrika beschrieben wurden.

Zudem drohte Helgoland eine große Peinlichkeit. Der Botschafter von Tansania, ein Nachfolgestaat der früheren deutschen Kolonie in Ostafrika, hatte anlässlich des 100. Jahrestags des »Helgoland-Sansibar-Vertrages« zwischen dem Deutschen Reich und dem Vereinigten Königreich von 1890 seinen Besuch angekündigt. In dem Vertrag war festgelegt worden, dass Deutschland unter anderem die Nordseeinsel erhielt, dafür aber auf weitere Gebietsansprüche in Ostafrika verzichtete. Die Büste von Carl Peters musste also schleunigst verschwinden. Inzwischen wird sie vom Museum Helgoland aufbewahrt.[19]

Die Ehrung dieses Mannes auf Helgoland hätte bei der tansanischen Seite für Wut und Irritationen gesorgt. Denn in dem ostafrikanischen Land ist Carl Peters bis heute vielen Menschen als »mkono wa damu« bekannt, was in der Kiswahili-Sprache, der Nationalsprache von Tansania, »blutige Hand« bedeutet.

Anderswo in der Bundesrepublik wurde Carl Peters weiterhin geehrt. In seinem Geburtsort Amt Neuhaus an der Elbe befand sich zu Beginn der 2020er Jahre ein Findling mit der Inschrift: »Unserem Dr. Carl Peters, Begründer von Deutsch-Ost-Afrika, geb. 27.9.1856.« Der Stein war von der Deutschen Kolonialgesellschaft gestiftet und mit Zustimmung des Stadtrates 1931 aufgestellt worden. Politiker der SED ließen diese Erinnerung an die deutsche Kolonialzeit zu DDR-Zeiten vergraben. Nach der deutschen Einheit wurde Amt Neuhaus Teil des Bundeslandes Niedersachsen, der Stein ausgebuddelt und wieder an seinen Platz gebracht. Daneben befindet sich ein Schild, auf dem die Kolonialpolitik als »Irrweg« bezeichnet wird. Die Persönlichkeit von Carl Peters, sein Wirken und der Gedenkstein seien »umstritten«, heißt es auf dem Schild.[20] Ob diese vorsichtige Distanzierung ohne Verweis auf die schweren Verbrechen des Kolonialisten und seine rassistische sowie antisemitische Gesinnung ausreicht, wurde im Gemeinderat von Amt Neuhaus lange ohne Ergebnis diskutiert.[21]

Wer im 21. Jahrhundert mit Menschen in Tansania darüber spricht, was sie heute mit der deutschen Kolonialzeit verbinden, bekommt oft den Namen von Carl Peters zu hören. Wenn der Vollmond über tansanischen Städten, Dörfern und Landschaften aufgeht, glauben manche Menschen, die Umrisse des einstigen Kolonialisten erkennen zu können. Wegen der Verbrechen, die er in Ostafrika begangen hatte und wegen des Leides, das er über die Region brachte, erzählen ältere Menschen noch immer die Legende, dass Peters von Gott als Strafe für seine Handlungen auf den Mond verbannt wurde. Auf dem Vollmond sind dunkle Flecken zu sehen, die an einen Menschenschatten erinnern. Dort soll nach dieser tansanischen Vorstellung Carl Peters an einem Galgen hängen, so wie er früher viele Menschen erhängen ließ.[22]

Im Deutschen Reich nannte man ihn deswegen auch »Hänge-Peters«. Die deutsche Kolonisierung Ostafrikas ist eng mit seinem Namen verbunden. Peters gründete im Jahr 1884 gemeinsam mit dem Grafen Felix von Behr-Bandelin die Gesellschaft für deutsche Kolonisation, die später in Deutsch-Ostafrikanische Gesellschaft umbenannt wurde. Ihr Ziel war es, deutsche Ackerbau- und Handelskolonien zu errichten.

Der Mann mit Brille und Schnauzbart führte 1884 eine Expedition an, die ins Hinterland des heutigen Staates Tansania vorstieß. Dort schloss Peters sogenannte Schutzverträge mit lokalen Oberhäuptern, um sich deren Land unter den Nagel zu reißen. Er brachte ihnen Perlen, Stoffe und Husarenuniformen mit. Während der Verhandlungen bot Peters den Afrikanern stark alkoholhaltige Getränke an, bevor sie die Verträge unterzeichneten. Die Oberhäupter haben diese Schriftstücke wohl auch unterschrieben, weil Peters ihnen Schutz vor Feinden versprach und »die Segnungen der Zivilisation«. Einige afrikanische Anführer waren an einem militärischen Bündnis gegen verfeindete Herrscher in der Region interessiert. Im Gegenzug mussten sie, so dachten die Vertragsunterzeichner damals, nur einen Kaiser anerkennen, der sehr weit entfernt in Mitteleuropa lebte. Zu diesem Zeitpunkt konnten sie nicht ahnen, was die Deutschen in dem Land vorhatten. Andere werden wohl auch aus Furcht unterzeichnet haben. Denn Peters berichtete, dass er und seine Männer mit Gewehrsalven demonstrierten, was die lokalen Herrscher »im Falle einer Kontraktbrüchigkeit zu erwarten hätten«.[23]

Reichskanzler Otto von Bismarck hatte am 27. Februar 1885, einen Tag nach dem Abschluss der »Berliner Kongo-Konferenz«, auf der die imperialistischen Staaten über die Zukunft des afrikanischen Kontinents beraten hatten, den sogenannten Schutzbrief der kaiserlichen Regierung unterzeichnet, der zur Gründung der Kolonie »Deutsch-Ostafrika« führte.[24] Die Gesellschaft von Carl Peters erhielt diesen Kaiserlichen Schutzbrief und war seitdem mit entsprechenden Hoheitsrechten ausgestattet. In dem Brief verpflichtete sich die deutsche Regierung, die Kolonie in Konfliktsituationen mit militärischem Einsatz zu verteidigen und Kriegsschiffe zu entsenden.

Im Jahr darauf wurde dann auch auf Initiative von Carl Peters der »Allgemeine Deutsche Verband zur Förderung überseeischer deutsch-nationaler Interessen« gegründet. Dieser hatte die Aufgabe, in den Gebieten eine deutsche Verwaltung zu errichten, Steuern zu erheben und die Ausbeutung von Bodenschätzen voranzutreiben.

Zeitgenossen beschrieben Peters als gewalttätigen Alkoholiker, der zum Größenwahnsinn neigte. Die Stationen, die in den von Peters und seiner Gesellschaft ergaunerten Gebieten errichtet wurden, fuhren zunächst nur finanzielle Verluste ein, weil es nicht gelang, den indisch-arabischen Karawanenhandel zu verdrängen oder an ihm zu partizipieren. Erst nach der Absetzung von Peters, der 1892 ins Kaiserreich zurückbeordert wurde, liefen die Geschäfte besser.

Schon der Versuch der Deutsch-Ostafrikanischen Gesellschaft, im Jahr 1888 die Handelsstädte der Küste zu besetzen, stieß auf Gegenwehr der lokalen Elite und von Teilen der Bevölkerung, nachdem der Sultan von Sansibar der Gesellschaft den Küstenstreifen vertraglich überlassen musste. Die Deutsch-Ostafrikanische Gesellschaft war mit den Widerstandsaktionen überfordert und bat die Reichsregierung um Hilfe. Der Reichstag bewilligte daraufhin dem Offizier Hermann von Wissmann im Januar 1889 zwei Millionen Mark für den Krieg in der Küstenregion. Die von Hermann von Wissmann zusammengestellte Armee plünderte Dörfer und steckte sie in Brand. Afrikaner wurden willkürlich hingerichtet. Mit dem Eintreffen von Wissmanns und seiner Ernennung zum Reichskommissar im Jahr 1888 begann das Kaiserreich, faktisch die Kontrolle über die Kolonie zu übernehmen.

Carl Peters wurde 1891 zum Reichskommissar für das Kilimandscharo-Gebiet im Norden des heutigen Tansania ernannt. Auch dort regte sich Widerstand gegen die Besatzer. Welche Grausamkeiten unter deutscher Flagge begangen wurden, zeigt auch ein Zitat von Peters nach einem Massaker an Einheimischen, die mutmaßlich an Widerstandskämpfen beteiligt waren. Die Leichen wurden geschändet. »Unsere Leute schnitten den Massai-Leichen die Köpfe ab und schleuderten sie in weitem Bogen unter deren Stammesgenossen unten am Hügel hinunter«, schrieb Peters. Die Massai begehrten zu dieser Zeit immer wieder gegen die Deutschen auf.[25]

Einige Jahre später begann der Stern von Peters zu sinken. Er war seit jeher ein Hassobjekt vieler Sozialdemokraten im Deutschen Kaiserreich. In der linken Satirezeitschrift *Der wahre Jacob* wurde er mit arabischen Sklavenhändlern verglichen und als Mann dargestellt, der die ostafrikanischen Lohnsklaven mit einer Peitsche malträtiert. Die sozialdemokratische Zeitung *Vorwärts* bezeichnete Peters als einen »grimmigen Arier, der alle Juden vertilgen will und in Ermangelung von Juden drüben in Afrika Neger totschießt wie Spatzen und zum Vergnügen Negermädchen aufhängt, nachdem sie seinen Lüsten gedient haben«.[26]

Der Sozialdemokrat August Bebel machte im Reichstag die Lebensführung von Peters öffentlich. Dieser hatte sexuelle Beziehungen mit einheimischen Frauen in Ostafrika. Peters ließ eine dieser Frauen sowie ihren mutmaßlichen Liebhaber aufhängen. Er gab außerdem den Befehl, die Dörfer der beiden Ermordeten zu zerstören. Dadurch provozierte Peters monatelange bewaffnete Kämpfe in der Nähe des Kilimandscharo. Daran waren vor allem die Chagga beteiligt, gegen die Peters mit brutalen Methoden vorging.

Als diese Zusammenhänge im Deutschen Reich ans Tageslicht kamen, wurde der Kolonialist in einem Disziplinarverfahren wegen »Pflichtverletzung« verurteilt und fünf Jahre nach seiner Rückkehr nach Deutschland 1897 aus dem Reichsdienst entlassen. Später wurde Peters allerdings schrittweise rehabilitiert. Kaiser Wilhelm II. bewilligte ihm im Jahr 1914 »in Würdigung seiner großen Verdienste um Deutsch-Ostafrika« eine jährliche Pension.[27]

Peters und anderen Vertretern der deutschen Kolonialbewegung ging es nicht nur darum, dass das Deutsche Reich ebenso wie seine westlichen Konkurrenten, darunter Großbritannien und Frankreich, Gebiete außerhalb von Europa für sich beanspruchen sollte. Hinzu kamen die Profite, die sie sich durch diese Politik versprachen. Diverse Äußerungen von Peters zeigen, dass er Anhänger eines rassistischen Weltbildes war. Peters war einer der Mitgründer des »Allgemeinen Deutschen Verbands« im Jahr 1891. Später wurde dieser in »Alldeutscher Verband« umbenannt, in dem kolonialistische und völkische Positionen vertreten wurden. So forderte Peters die »rücksichtslose und entschlossene Bereicherung des eigenen Volkes auf anderer schwächerer Völker Unkosten«, die Ausbreitung des Lebensraumes der Deutschen sowie die »Einführung einer Arbeitspflicht für Afrikaner«.[28]

Diese Rhetorik erinnert auch an die Reden der deutschen Faschisten, die 1933 die Macht übernahmen. Der »Alldeutsche Verband« stand den Nazis ideologisch nahe und propagierte die Idee eines völkischen Staates, in dem kein Platz für Juden und sogenannte nicht-deutsche Bürger sein sollte. Erst 1939 wurde der Verband vom SS-Führer Reinhard Heydrich mit der Begründung aufgelöst, dass alle Ziele der Organisation von der Nazi-Herrschaft erfüllt worden seien.

Die Nazis bezogen sich auch direkt auf Carl Peters und machten den Mann, der 1918 gestorben war, posthum zu einem ihrer Nationalhelden. Im Jahr 1941 erschien ein deutscher Propagandafilm mit dem Titel »Carl Peters«, der in dem Streifen von Hans Albers gespielt wurde. Darin wurde Peters als ein Opfer von Intrigen dargestellt, die der deutsch-jüdische Kolonialdirektor Dr. Kayser und die Engländer gesponnen haben.

Nach seiner Entlassung aus dem Dienst setzten andere Deutsche das Wirken von Peters in Ostafrika fort. Im Jahr 1891 war die Kolonie offiziell zum »Schutzgebiet« erklärt und der Verwaltung durch das Deutsche Reich unterstellt worden. Bis 1904 blieben die Widerstandsaktionen von Einwohnern der Kolonie lokal begrenzt. Aus den Akten des Reichskolonialamtes geht hervor, dass in Ostafrika allein in den Jahren 1891 bis 1897 mehr als 60 größere sogenannte Strafexpeditionen und Unterwerfungsfeldzüge durchgeführt wurden.[29]

Im Südosten des heutigen Tansania kämpften die lokalen Herrscher Hassan bin Omari Makunganya und Chief Machemba jahrelang gegen die Deutschen, bis Makunganya im Jahr 1895 gefangen genommen und an einem Mangobaum gehängt wurde. In Tansania ist diese Hinrichtung nicht vergessen worden. Der Ort ist bekannt als »Mwembe Kinyonga«, der »Mangobaum des Henkers«. Ein kleines Denkmal erinnert an den Getöteten und an die afrikanischen Freiheitskämpfer, die an dem einige Jahre später ausgebrochenen Maji-Maji-Krieg teilnahmen.[30] Sieben Namen von lokalen Anführern, die von den Deutschen getötet wurden, sind auf diesem weißen Gedenkstein verewigt worden.

Auch das Heheland, das im Landesinnern in der Mitte der Kolonie lag, wurde nach einem Aufstand ab 1891 mit Gewalt und Vernichtung überzogen. Der Guerillakrieg der Hehe, auch Wahehe genannt, dauerte bis 1898 an. Als Strategie zur Bekämpfung der Hehe und ihres Anführers Mkwawa war auf deutscher Seite von einem »Vernichtungsfeldzug« und »Zerstörungskrieg« die Rede. So steht es in den Aufzeichnungen eines deutschen Offiziers aus dieser Zeit. Nachdem er endgültig besiegt worden war, beging Mkwawa im Jahr 1898 vermutlich Selbstmord. Andere Quellen besagen, dass er sich von einem seiner letzten treuen Krieger töten ließ, um seinen deutschen Feinden nicht lebendig in die Hände zu fallen.[31]

Stellvertreter des Gouverneurs von Ostafrika, Hermann von Wissmann, war in dieser Zeit Lothar von Trotha. Ihm wurde die dortige koloniale »Schutztruppe« unterstellt. Von Trotha hatte während seines Krieges gegen die Hehe und bei seiner Beteiligung an der Niederschlagung des Boxeraufstandes in China 1900 rassistische Vernichtungsfantasien entwickelt. Später setzte er diese im heutigen Namibia um und gab dort als sogenannter Schutztruppenchef den Vernichtungsbefehl, der zum Völkermord an den Herero führte. »Innerhalb der deutschen Grenze wird jeder Herero mit oder ohne Gewehr, mit oder ohne Vieh erschossen. Ich nehme keine Weiber und Kinder mehr auf, treibe sie zu ihrem Volk zurück oder lasse auf sie schießen«, erklärte von Trotha im Oktober 1904. Zuvor hatten von Trothas Soldaten die Herero in die Omaheke-Wüste im Nordosten der Kolonie getrieben, wo zehntausende Menschen qualvoll verdursteten. Dass von Trotha den Völkermord in Südwestafrika bewusst einkalkuliert hat, belegt sein Brief an den deutschen Generalstab. »Ich glaube, dass die Nation als solche vernichtet werden muss«, schrieb er darin.[32]

Bereits während des Krieges in Ostafrika gegen die Hehe galten von Trotha und weitere deutsche Militärangehörige als Schlächter. Es ist nicht genau bekannt, wie viele Angehörige der Hehe den deutschen »Strafexpeditionen« und sogenannten Vergeltungsmaßnahmen in den 1890er Jahren zum Opfer fielen. Alfons Adams, damals Missionar in Ostafrika, schätzte die Zahl der gefallenen, verhungerten und gehängten Hehe auf einige Tausend.

Besonders grausam waren die Reaktionen auf den Guerillakrieg, den Mkwawa angeführt hatte. Eine Plantagenbesitzerin in

Ostafrika und Ehefrau des deutschen Offiziers Tom von Prince, Magdalene von Prince, schrieb 1897 in ihr Tagebuch: »Die Wahehe haben ihre Vernichtung gewollt. Sie haben den Kampf abermals mit Mordtaten begonnen. Jetzt heißt es, mit Strenge vorgehen.« Der deutsche Gouverneur Eduard von Liebert, der 1896 den Posten seines Vorgängers von Wissmann übernommen hatte und bis 1901 im Amt blieb, gab die Anweisung, dass jeder im Kampf gefangene oder mit einer Waffe in der Hand angetroffene Hehe aufgehängt oder erschossen werden solle. Auch Frauen und Kinder wurden in den Kämpfen getötet oder verschleppt, Hütten verbrannt, Vieh gestohlen und Pflanzungen zerstört.[33] Die Hehe waren nach ihrer Niederlage nicht mehr in der Lage, sich an späteren Erhebungen gegen die Deutschen zu beteiligen. Einige von ihnen schlugen sich sogar auf die Seite der Kolonialmacht und wurden zu Kollaborateuren.

Nach weiteren Kämpfen war die Kolonie Ostafrika um 1900 vollständig unter Kontrolle der von den Deutschen befehligten »Schutztruppe«. Doch der Kampf um Unabhängigkeit war damit noch lange nicht vorbei. Fünf Jahre später sollte ein Krieg ausbrechen, der alles vorher Geschehene in den Schatten stellte.

1.3. Der Maji-Maji-Krieg

Im August 1886 überreichte die Deutsch-Ostafrikanische Gesellschaft unter der Führung von Carl Peters dem evangelischen Missionar Alexander Merensky 1000 Mark. Der Kirchenmann hatte eine Ausschreibung der Gesellschaft gewonnen. Carl Peters und die anderen deutschen Kolonialisten, die sich in dieser Gesellschaft organisiert hatten, waren begeistert von einer Schrift, die Merensky verfasst hatte. Denn darin wurde beschrieben, wie die Menschen in den neuen Kolonien effektiv ausgebeutet werden konnten. Sie hatte den Titel: »Wie erzieht man am besten den Neger zur Plantagen-Arbeit?«

Merensky lieferte darin die Grundlage für das Abhängigkeitsverhältnis, das später in den deutschen Kolonien geschaffen wurde. Nutznießer sollten die deutschen Plantagenbesitzer sein, die von Merensky als »Pflanzer« bezeichnet wurden. »Zum Dienst bei Pflanzern wird der indirekte Zwang die Eingeborenen treiben. Welche Geldabgaben ausüben, die man ihnen auferlegt«, schrieb der Missionar. Es mussten also Steuern erhoben werden, welche viele Afrikaner niemals bezahlen konnten und dadurch zur Abarbeitung ihrer Schulden ins System der Zwangsarbeit gedrängt wurden. Anstelle einer Kopfsteuer plädierte Merensky für eine Hüttensteuer, um den bürokratischen Aufwand zu umgehen, der mit einer Registrierung der Einheimischen einhergehen würde. Außerdem empfahl Merensky, ein Dienstgesetz zu erlassen, »wodurch es den Pflanzern möglich wird, mit ihren Arbeitern bindende, rechtskräftige Kontrakte abzuschließen und dieselben für Unwilligkeit, Auffälligkeit und Faulheit strafen zu lassen«. Damit wurde der Willkür durch die deutschen Plantagenbesitzer in Ostafrika bei der Bestrafung der Arbeiter Tür und Tor geöffnet.

Kinderarbeit war für Merensky eine Selbstverständlichkeit. Minderjährige, die ihre Eltern durch Kriege, Krankheiten oder Hungersnöte verloren hatten, sollten von den weißen Pflanzern aufgenommen werden. Ihre Anstellung werde durch das Dienstbotengesetz geregelt und die Kinder könnten bei »der Verrichtung häuslicher Arbeiten von großem Nutzen sein«, so der Missionar.

Die Verbreitung des Christentums war der religiös-ideologische Überbau des deutschen Kolonialismus. Den Missionierten wurde eingebläut, dass das von den Kolonialisten eingeführte politische und wirtschaftliche System gerecht und rechtmäßig sei. Erlösung konnte es für die Menschen nicht im Diesseits, sondern erst nach dem Tod geben. »Zur Erzielung eines durchschlagenden, Bestand habenden Resultates wird die Verdrängung der heidnischen Ideen notwendig sein, welche am schnellsten durch Bildung eingeborener Christengemeinden befördert wird«, heißt es im Schlusskapitel von Merenskys Schrift.[34]

Nachdem immer mehr Land in Ostafrika in deutschen Besitz fiel, machte sich Merensky auf den Weg dorthin. Er bereiste die Kolonie in den Jahren 1891 und 1892 als Leiter einer kleinen Missionsexpedition. Sein erstes Ziel war erfüllt, als im Oktober 1891 eine Missionsstation in Ostafrika gegründet wurde. Eine zweite Station folgte wenig später.[35]

Doch der missionarische Eifer der Deutschen stieß bei vielen Afrikanern nicht auf Begeisterung. Denn das System, für das unter anderem Merensky die Grundlagen geschaffen hatte, und das von der Kolonialverwaltung weiter ausgearbeitet wurde, führte zu Unterdrückung, Willkürherrschaft und Gewalt. Wer für die Deutschen auf den Plantagen schuften musste, litt unter schlechten Arbeitsbedingungen. Die deutschen Siedler sahen sich selbst als Angehörige einer »höherstehenden Rasse« und deswegen im Recht, die eigenen Ansprüche mit Gewalt durchzusetzen. Das bedeutete auch körperliche Bestrafungen wie Prügel und Nahrungsentzug. Hinzu kamen die langen Arbeitszeiten, unter anderem auf den Baumwollplantagen.

Um zusätzliche Arbeiter für den Dienst bei den deutschen Plantagenbesitzern zu rekrutieren, wurden die Afrikaner mit immer weiteren Abgaben unter Druck gesetzt. Sie waren oft früher selbständige Bauern, die auf einmal zu Schuldnern und somit in die Abhängigkeit getrieben wurden. Neben der Plantagenarbeit mussten sie für die Deutschen auch Trägerdienste leisten. Kolonialherren ließen sich etwa in Hängematten durch die Gegend tragen. Die Einheimischen arbeiteten zudem beim Brücken-, Wege- und Eisenbahnbau.

Hermann von Wissmann initiierte als Gouverneur die bereits von Missionar Merensky für die Deutsch-Ostafrikanische Gesellschaft empfohlene Hüttensteuer. Sie wurde ab dem Jahr 1898 erhoben. Diese Steuern wurden von den Askaris, der Kiswahili-Begriff für Soldat, also den afrikanischen Söldnern der Deutschen, brutal eingetrieben. Wer sich weigerte zu zahlen oder die Steuer aus Armutsgründen schlicht nicht aufbringen konnte, musste fürchten, dass seine weiblichen Angehörigen von den Askaris vergewaltigt werden. Die Söldner der Deutschen schreckten außerdem nicht davor zurück, die Hütten der Menschen zu verbrennen, sie auszupeitschen oder zu verhaften. Auch Morde wurden an den säumigen Steuerzahlern verübt. Diese Taten sollten als abschreckende Beispiele dienen.

Ein Problem für viele Einwohner war, dass sie nicht an das Geldsystem angeschlossen waren und deswegen mit Naturalien, wie zum Beispiel Rindern, bezahlen mussten. Diese Naturalien brauchten sie aber zum Überleben. Wer für schwere körperliche Arbeit geeignet zu sein schien und die Steuer nicht zahlte, wurde zur Zwangsarbeit auf den Plantagen verpflichtet.[36]

Trotz dieser Zwangsmaßnahmen blieb der deutsche Bedarf an Arbeitskräften hoch. Weitere Repressionen folgten nach dem Amtsantritt des Kolonialgouverneurs Gustav Adolf Graf von Götzen im Jahr 1901. Er ergänzte im März 1905 die Hüttensteuer um eine Kopfsteuer. Dadurch vervielfachte sich die Steuerschuld. Immer mehr Menschen mussten nun Zwangsarbeit für die Deutschen leisten, während ihre eigenen Felder brachlagen.

In diesem Jahr verschärfte sich die Situation für viele Ostafrikaner außerdem durch eine Verordnung, die der »Heranziehung der Eingeborenen zu öffentlichen Arbeiten« dienen sollte. Alle erwachsenen und arbeitsfähigen Männer konnten durch diese Verordnung der Kolonialverwaltung unentgeltlich zu Reinigung, Unterhalt und dem Bau von öffentlichen Straßen verpflichtet werden. Außerdem konnten »mit Genehmigung der Gouvernements« alle männlichen Ostafrikaner »auch zu anderen Arbeiten herangezogen werden«. Damit wurde der Rahmen dafür geschaffen, dass Bezirksbeamte die Afrikaner auf die Plantagen abkommandierten.

Zwangsarbeit musste auch auf sogenannten Kommunalschamben geleistet werden. Dies waren Felder, die von einigen Dörfern gemeinsam kultiviert und unterhalten werden mussten. Die Gewinne sollten zu gleichen Teilen zwischen der Kommune, den afrikanischen Hilfsbeamten sowie den Dorfbewohnern aufgeteilt werden. In der Praxis erfolgte die Auszahlung an die Dörfer allerdings nur sporadisch und die Feldarbeit unterschied sich kaum von der Sklavenarbeit.[37]

Im Laufe der Zeit hatte sich bei den unterdrückten Menschen in Ostafrika viel Zorn angestaut. Am 20. Juli 1905 entlud sich die Wut der Afrikaner und sie zerstörten im Süden der Kolonie, im südöstlichen Ort Nandete im Matumbiland, ein Baumwollfeld, auf dem die Deutschen sie zur Arbeit gezwungen hatten. Diese Widerstandsaktion gilt als Beginn des Maji-Maji-Krieges. Am 30. Juli 1905 wurden in Nandete die Aufseher der Zwangsarbeit von den Einheimischen verprügelt. Am folgenden Tag erschlugen die Widerstandskämpfer den deutschen Pflanzer Hopfer und brannten seinen Hof nieder. Die Kämpfe breiteten sich schnell aus und wurden sowohl im Landesinneren als auch in Gegenden am Indischen Ozean ausgefochten.

Die Maji-Maji-Kämpfer waren militärisch zunächst erfolgreich. Die afrikanischen Krieger brachten etwa ein Fünftel der deutschen Kolonie unter ihre Kontrolle. Und immer mehr Menschen schlossen sich der Widerstandsbewegung an.[38]

Die Deutschen hatten offensichtlich nicht damit gerechnet, dass die Erhebung ein solches Ausmaß annehmen konnte. Sie war nicht lokal begrenzt. Anders als bei früheren Widerstandsaktionen kämpften nun viele verschiedene Gruppen gemeinsam. Die Kolonialherren wussten, dass in dem Gebiet sehr viele unterschiedliche Sprachen gesprochen wurden und dies ein großes Hindernis bei der Kommunikation untereinander war. Allein die Deutschen waren mithilfe ihrer Übersetzer in der Lage, mit allen ethnischen Gruppen zu kommunizieren. Doch das gemeinsame Ziel und der gemeinsame Feind brachten sehr viele Gruppen zusammen, die heute Teil der tansanischen Nation sind.

Der Maji-Maji-Krieg war die größte Erhebung gegen die deutsche Kolonialherrschaft in Ostafrika. Mehr als eine Million Menschen aus mehr als 20 verschiedenen ethnischen Gruppen schlossen sich zusammen. Sogar Gruppen, die sich vorher bekriegt hatten, wie die Ngindo und Ngoni, kämpften nun Seite an Seite. Das Kriegsgebiet umfasste mehr als ein Drittel der Landesfläche des heutigen Staates Tansania. Die Kämpfe wurden im südlichen Teil der Kolonie ausgefochten. Wegen der ersten Erfolge der Maji-Maji-Krieger gingen die Deutschen zunächst davon aus, dass ein gewiefter Stratege hinter den Militäraktionen stecke. Entsprechende Fähigkeiten konnten aus ihrer Sicht nur frühere Askaris, die entlassen worden waren, oder ein arabischer Feldherr haben. Ihr rassistisches Denken ist die Ursache dafür, dass die Deutschen den schwarzen Afrikanern, die zumeist auf dem Land lebten, zunächst nicht zutrauten, allein solche militärischen Leistungen zu vollbringen.[39]

Die Maji-Maji-Kämpfer griffen nicht nur die bei ihnen verhassten Militärstützpunkte der Deutschen und die Farmen an. Ihre Aktionen richteten sich ebenso gegen afrikanische Stellvertreter der Kolonialmacht und Regierungsbeamte. Auch Missionsstationen wurden überrannt. Der evangelische Missionar Alexander Merensky, der einst die bahnbrechende Schrift verfasst hatte, wie man die Einheimischen zur Plantagenarbeit »erziehen« sollte, stand auf einmal vor den Trümmern seiner Arbeit. Die Station Milow, die von der Gemeinde Neu-Wangemannshöhe 1902 im Landesinneren des Südens der Kolonie gegründet wurde und somit auf das Wirken von Merensky zurückging, musste im Jahr 1905 ebenso wie andere ihrer Art kampflos geräumt werden. Die Missionsstation wurde anschließend von den afrikanischen Kriegern zerstört.[40]

Merensky selbst sah die Ursachen für die wachsende Befreiungsbewegung in den »Härten der Steuereintreibung«, eine verharmlosende Bezeichnung für die organisierte Gewalt und die zahlreichen Morde, die an den Menschen verübt wurden, die sich dem Arbeitszwang widersetzten. Der Kirchenmann hielt die harten Maßnahmen der Kolonialverwaltung für kontraproduktiv. Denn sie hätten zu einer »steigenden Unzufriedenheit bei den Eingeborenen« geführt, schrieb er nach dem Ausbruch des Maji-Maji-Krieges.[41] Der Christenmensch wusch also seine Hände in Unschuld.

Dabei ist es kein Zufall, dass sich die Kampfhandlungen auch gegen die Missionare richteten. Unter den wenigen europäischen

Todesopfern waren allein sieben Kirchenleute. Diese hatten den Hass der einheimischen Bevölkerung auf sich gezogen. Der sogenannte Fortschritt wie der Schulbesuch im Einzugsbereich der Missionsstationen war nämlich keineswegs ein freundliches Angebot an die Afrikaner, sondern ging mit Zwangsmaßnahmen einher. Wer sich nicht fügte, der wurde bestraft. Den Afrikanern konnten dann beispielsweise Hacken für die Feldarbeit entzogen werden. Es kam auch vor, dass Missionare Gerichte gründeten und die Anklage gegen Afrikaner führten, die dann zu Gefängnisstrafen verurteilt wurden. Das ausbeuterische Kolonialsystem wäre ohne die christlichen Missionare nicht denkbar gewesen. Somit ist auch die Aussage von Merensky, dass die Menschen sich wegen ihrer Unzufriedenheit mit einigen Maßnahmen gegen die Deutschen erhoben, eine hemmungslose Untertreibung. Sie lehnten vielmehr das gesamte System der Kolonialisten ab und wollten diejenigen wieder loswerden, die in ihr Land eingedrungen waren.

Das Christentum hat sich zwar in Teilen von Tansania durchgesetzt und etwa 40 Prozent der Menschen gehören im 21. Jahrhundert einer der beiden großen Kirchen, der evangelischen oder der katholischen, an, aber auf die deutschen Missionare sind noch immer viele Tansanier nicht gut zu sprechen. »Die Kolonialisten haben mit der Kirche kooperiert«, erzählt mir ein Mann, der in den 1980er Jahren in Tansania zum Lehrer ausgebildet wurde. »Die christlichen Kirchen waren damals eine Institution, die den Menschen gesagt hat, dass sie sich nicht ärgern und nicht gegen das Kolonialsystem wehren sollen. Sie haben die Menschen gewarnt und besänftigt. Ihnen wurde eingeredet, dass sie ihr Schicksal Gott überlassen sollen, anstatt es selber in die Hand zu nehmen. Man soll immer die andere Wange hinhalten. Denn am Ende wird Gott für Gerechtigkeit sorgen.«

Der Befreiungskrieg der Ostafrikaner ging einher mit dem Glauben an die Kraft der einheimischen Heiler. Eine zentrale Bedeutung hatte in diesem Zusammenhang das Maji. Dies bedeutet »Wasser« in der Kiswahili-Sprache. Das Maji wurde unter anderem von Kinjikitile

Ngwale hergestellt, um den sich im Süden der Kolonie ein Kult entwickelt hatte. Kinjikitile wird noch heute von vielen Menschen in Tansania als wichtigste Person gesehen, die man mit dem Maji in Verbindung bringt. Ein Denkmal erinnert in der Küstenstadt Kilwa Kivinje an den Heiler.

Kinjikitile wurde im Jahr 1904 von einem Geist, einem »Hongo«, in Besitz genommen. Er hielt prophetische Reden und der Geist in Gestalt von Kinjikitile verkündete die Einigkeit der ostafrikanischen Völker und den gemeinsamen Kampf gegen die deutsche Kolonialmacht. Die toten Ahnen würden den Kämpfern bei diesem Krieg beistehen, erklärte Kinjikitile vor seinen Anhängern. Diese Botschaft war neu und sie verbreitete sich durch mündliche Überlieferung schnell in großen Teilen der Kolonie. Die Botschaft wurde vor allem von den Hongos überbracht, die auch das Maji verteilten. Der Begriff Hongo steht nicht nur für Geister, sondern auch für die Boten. Sie wurden zu den religiösen Führern der Maji-Maji-Bewegung. Das Maji sollte unter anderem vor Schwarzer Magie, Krankheiten, kolonialer Zwangsarbeit, Dürre, schlechter Ernte und Wildschweinen schützen, die die Felder verwüsteten. Kinjikitile war nicht die einzige Person, die das Maji verteilte. Historiker gehen aber davon aus, dass er der erfolgreichste und einflussreichste unter den Verteilern war.[42]

Noch wichtiger war, dass das Maji die Afrikaner außerdem vor den deutschen Gewehrkugeln schützen sollte. Das Wasser wurde durch Heiler in Kriegsmedizin verwandelt. Das Maji war mit Hirse gekochtes Wasser und sollte die Gewehrkugeln wie Regentropfen abperlen lassen. Die Krieger tranken es, schütteten sich Maji über den Kopf oder trugen es in einem Gefäß um den Hals.[43]

Der Zaubertrank sollte den Menschen in Ostafrika vor allem Mut machen. Kinjikitile bereitete seine Anhänger auf einen Krieg vor und wollte diesen auch offiziell erklären, sobald er bereit dazu war. Diese Vorbereitungen wurden vor den Deutschen geheim gehalten. Auch dies war ein Grund für die Überraschung der Kolonialisten über den plötzlichen Ausbruch der Erhebung.

Kinjikitile wurde nur wenige Tage nach Kriegsbeginn von den Deutschen gefangen genommen und am 5. August 1905 gehängt. Vor der Hinrichtung soll er noch gesagt haben: »Mein Tod wird nichts ändern. Denn meine Lehren haben sich bereits weit verbreitet.«[44] Die Mission des Heilers, viele Menschen und ethnische Gruppen im Süden der ostafrikanischen Kolonie zu einen, war tatsächlich erfüllt.

Nicht nur in Ostafrika waren zu dieser Zeit die Umstände unerträglich geworden. Auch in anderen deutschen Kolonien erhoben sich die Menschen. Seit 1904 führte das Deutsche Kaiserreich in Südwestafrika einen Vernichtungskrieg gegen die Herero und später auch gegen die Nama. Im darauffolgenden Jahr ergriffen die Menschen in Ostafrika die Waffen und im selben Jahr erschütterten Unruhen auch den Südosten der Kolonie Kamerun. Während beim Feldzug in Südwestafrika fast 15.000 deutsche Soldaten eingesetzt wurden, schickten die Deutschen in Ostafrika zahlreiche afrikanische Söldner in die Schlachten. Offensichtlich war man im Kaiserreich der Ansicht, dass die deutsche Armee nicht allzu viele deutsche Soldaten für die Kriege in Afrika entbehren konnte.

Die Kämpfer kamen in der Regel aus anderen afrikanischen Ländern. Der Gouverneur Hermann von Wissmann hatte 600 sudanesische Söldner in den Slums von Kairo und 400 Krieger aus Mosambik rekrutiert. Dies war der Grundstock der 1891 gegründeten »Kaiserlichen Schutztruppe Deutsch-Ostafrika«. Höchster möglicher Rang für diese Askaris, die zumeist muslimischen Glaubens waren, war der eines Unteroffiziers.[45] Befehligt wurden sie von den Deutschen. Im Maji-Maji-Krieg waren etwa 500 deutsche Offiziere im Einsatz.

Die Maji-Maji-Krieger kämpften gegen die Deutschen, einheimische Kollaborateure, Söldner und die von den Europäern eingesetzten lokalen Administratoren, die Akida genannt wurden. Ihre Feinde waren auch indische und arabische Händler in der Küstenregion, die Teil des Unterdrückungssystems waren oder als solche angesehen wurden.

Die Maji-Maji-Krieger waren militärtechnisch unterlegen. Das war der entscheidende Grund für ihre Niederlage. Sie zogen oft mit Speeren, vergifteten Pfeilen, langen Messern und Kampfäxten in die Schlachten. Allerdings hatten sie auch Gewehre. Diese Schusswaffen gehörten zu den wichtigsten Handelsgütern, welche die Europäer nach Afrika gebracht hatten. Sie stellten billigere Vorderlader für den afrikanischen Markt her. Außerdem wurden in Teilen von Afrika die von den europäischen Armeen ausgemusterten Waffen weiter verwendet. Die Maji-Maji-Krieger erbeuteten zudem immer wieder moderne Schusswaffen, aber nur in einer kleinen Zahl.

Im Oktober 1905 trafen Marine-Verstärkungen aus Deutschland ein, und die Kolonialtruppen führten einen militärischen Gegenschlag aus. Sie drangen in das Gebiet ein, das die Maji-Maji-Krieger im südlichen Teil der Kolonie kontrollierten. Die erhoffte Wirkung des Maji, das vor den Kugeln schützen sollte, trat selbstverständlich nicht ein. Deswegen gingen die afrikanischen Kämpfer, nachdem sie große Verluste im Feuer der deutschen Maschinengewehre und anderer Schusswaffen erlitten hatten, zum Guerillakrieg über.

Bei der Niederschlagung der Erhebung und den »Strafexpeditionen« gingen die Kolonialtruppen äußerst brutal vor. Die Deutschen überließen oft ihren afrikanischen Söldnern die Drecksarbeit wie Raub, Erpressung und Folter. Gefangene landeten am Galgen oder mussten Zwangsarbeit leisten. Nahezu die gesamte politische Elite der Aufständischen wurde ermordet.

Das Gebiet, in dem die Maji-Maji-Krieger den Guerillakrieg führten, war sehr groß und unübersichtlich. Die Anführer der Kolonialtruppen wussten, dass sich ihre Widersacher verstecken und später wieder losschlagen konnten. Das war der Anlass für die deutsche Militärführung, sich für die Strategie der »verbrannten Erde« zu entscheiden. Sie zerstörten die Lebensgrundlage ihrer Feinde und somit aller Menschen in der Region. Ernten wurden vernichtet und Felder verwüstet.

Ein Blick auf die Opferzahlen zeigt, dass dieser Krieg vor allem ein Gemetzel war, dem die Maji-Maji-Kämpfer kaum etwas entgegensetzen konnten. In dem Krieg kamen nur 15 Europäer ums Leben, zudem 73 Askaris und 316 sogenannte Hilfskrieger. 1906 brachten die von den Deutschen befehligten Truppen die Kolonie fast vollständig wieder unter ihre Kontrolle. Am 18. Februar 1907 verkündeten sie offiziell das Kriegsende, die letzten Kampfhandlungen wurden im Jahr 1908 eingestellt.

2.
Verbrannte Erde

2.1.
Der zweite Völkermord des 20. Jahrhunderts

An der Universität von Dar es Salaam wird mehr als 100 Jahre nach dem Ende des Maji-Maji-Krieges noch immer zu diesem Teil der Geschichte des Landes geforscht. Zu den neueren Projekten zählen Interviews und archäologische Untersuchungen in den Gegenden, die am stärksten vom Krieg betroffen waren. Der Historiker Bertram Mapunda, damals Direktor des Fachbereichs für Geschichte an der Universität Dar es Salaam, erklärte im Jahr 2004: »Die Deutschen würden uns gerne glauben machen, dass es eine Horde Wilder gab, die barbarische Handlungen gegen sanftmütige weiße Menschen begangen haben. Wir müssen aber die grausamen und barbarischen Handlungen untersuchen, welche die Deutschen gegenüber den Afrikanern verübten. Wir konzentrieren uns auf die afrikanische Perspektive. Ich sehe diesen Trend als eine Rückgewinnung unserer Geschichte und unseres Erbes.«[46] Damit brachte er den tansanischen Ansatz bei der Aufarbeitung der Kolonialgeschichte auf den Punkt.

Der Direktor des Historischen Instituts, Hezron Kangalawe, nennt mir Ende des Jahres 2022 mehrere Namen von Wissenschaftlern, die an entsprechenden Projekten arbeiten. Ich nehme Kontakt zu Oswald Masebo auf. Der Professor für Geschichte forscht unter anderem zur Rolle der Ngoni vor und während der Zeit des Maji-Maji-Krieges. Oswald Masebo ist nicht nur in Tansania ein bekannter Historiker, sondern seine Meinung wird auch von Experten in Deutschland geschätzt. Im Jahr 2016 hielt er einen Vortrag im Rahmen einer hochkarätig besetzten Ringvorlesung der Universität Hamburg, an der auch die frühere Entwicklungsministerin und SPD-Politikerin Heidemarie Wieczorek-Zeul teilnahm. Fünf Jahre später wurde Oswald Masebo zu einer Online-Diskussion zur Straßenumbenennung in Berlin-Neukölln eingeladen. Diese Straße ist nicht mehr nach dem Kolonialisten Hermann von Wissmann, sondern nach der früheren tansanischen Politikerin Lucy Lameck benannt, die in den 1960er und 1970er Jahren als erste Frau den Posten einer stellvertretenden Ministerin erhielt. In dieser Position kümmerte sie sich um die Gemeindeentwicklung und um das Gesundheitssystem von Tansania. Lucy Lameck starb im Jahr 1993.[47]

Im Telefoninterview erklärt Oswald Masebo, dass es zur Frage, ob man die deutschen Verbrechen während des Maji-Maji-Krieges als Völkermord einstufen könne, unter Historikern keine einheitliche Meinung gebe. Er gehört zu denjenigen, welche die Völkermord-These bejahen. »Dafür sprechen die große Zahl an Tötungen im Zusammenhang mit dem Krieg, die Zerstörungen und die von Menschen herbeigeführte Hungersnot«, sagt Oswald Masebo. Er erinnert daran, dass vor allem die tansanische Zivilbevölkerung darunter leiden musste. Viele Menschen, die mit dem Krieg direkt oft nichts zu tun hatten, wurden zu Opfern des Kolonialregimes. »Als erstes starben die Schwächsten an dem Hunger und den Krankheiten. Viele Kinder und die Ältesten haben ihr Leben verloren.« Oswald Masebo betont, dass er darin die Charakteristika eines Völkermords sieht. Dabei ist ihm auch klar, dass seine Einschätzung der Meinung vieler Deutscher und anderer Europäer entgegensteht, seien es Wissenschaftler oder Politiker.

Es gibt zahlreiche Quellen, welche die Genozid-These untermauern, die unter anderem von Oswald Masebo vertreten wird. Aus ihnen geht hervor, dass die von den Deutschen künstlich herbeigeführte Hungersnot das Ziel hatte, während des Maji-Maji-Krieges und in der Zeit danach weite Teile der Bevölkerung im Süden der Kolonie Ostafrika auszurotten. Deswegen spricht alles dafür, das

Vorgehen der Deutschen und ihrer Söldner als Völkermord zu bezeichnen. Der erste Genozid des 20. Jahrhunderts hatte früher begonnen, nachdem Lothar von Trotha im Jahr 1904 den Befehl gegeben hatte, die Herero in Südwestafrika zu vernichten.

Der Begriff Völkermord wurde von Völkerrechtlern seit den 1940er Jahren vermehrt benutzt und ist seit 1948 ein Straftatbestand im Völkerstrafrecht, also einige Jahrzehnte nach dem Genozid in Ostafrika. Verbrechen, die darauf abzielen, ganze Gruppen von Menschen auszulöschen, können allerdings auch nachträglich als Genozid gebrandmarkt werden. Völkermord verjährt nicht.

Der Straftatbestand ist in der Völkermordkonvention der Vereinten Nationen definiert, die im Jahr 1951 in Kraft trat. Sie wurde vor allem als Konsequenz aus dem Holocaust verabschiedet, dem sechs Millionen europäische Juden zum Opfer fielen. In Artikel 2 dieser Konvention werden Handlungen als Völkermord definiert, »die in der Absicht begangen« werden, »eine nationale, ethnische, rassische oder religiöse Gruppe als solche ganz oder teilweise zu zerstören«. Darunter fällt nicht nur die gezielte »Tötung von Mitgliedern der Gruppe«, sondern auch »die Verursachung von schwerem körperlichen oder seelischen Schaden« und die »vorsätzliche Auferlegung von Lebensbedingungen für die Gruppe, die geeignet sind, ihre körperliche Zerstörung« herbeizuführen. Die »Geburtenverhinderung innerhalb der auszurottenden Gruppe« oder die »gewaltsame Überführung von Kindern der auszurottenden Gruppe in eine andere Gruppe« fallen ebenfalls unter die Definition von Völkermord.

Die Truppen des Kaiserreiches waren nicht nur für Massaker während des Maji-Maji-Krieges an der Zivilbevölkerung verantwortlich. Sie haben mit ihrer Strategie der »verbrannten Erde« wissentlich dafür gesorgt, dass Menschen massenhaft starben. Hunger und Krankheiten breiteten sich schnell aus. Viele Menschen verloren ihr Leben, weil sie in ihrer Not giftige Pflanzen aßen. Folgt man der Völkermordkonvention der Vereinten Nationen, kommt man zu dem Schluss, dass die Deutschen den Menschen in Ostafrika Lebensbedingungen auferlegt haben, die zu einem massenhaften Tod geführt haben. Es existieren keine Hinweise, dass die Deutschen in Ostafrika bestimmte Ethnien ausrotten wollten. Das ändert allerdings nichts an dem Ergebnis der deutschen Vernichtungspolitik.

Untersuchungen des tansanischen Historikers Gwassa aus den 1960er und 1970er Jahren zeigen, dass in Ostafrika einige ethnische Gruppen besonders stark unter der Vernichtungsstrategie des Kaiserreichs litten. Die Matumbi, die sich als erste gegen die Kolonialmacht erhoben hatten, haben im Maji-Maji-Krieg und in der Nachkriegszeit etwa die Hälfte ihrer Bevölkerung verloren. Die Deutschen gingen nach dem Krieg von 18.000 bis 20.000 Opfern aus. Gouverneur Gustav Adolf von Götzen schrieb dazu lapidar in seinen Erinnerungen: »Dass Matumbi in den Monaten, die dem Aufstand folgten, von einer schweren Hungersnot heimgesucht wurde, war nur allzu begreiflich, wenn man bedenkt, dass der Aufstand alle Kulturen vernichtet hatte. Auch von der Bevölkerung war wohl die Hälfte dem Aufstand zum Opfer gefallen.«[48] Auffällig an der Geschichtsschreibung der Kolonisatoren ist, dass sie die Verantwortung für Tod und Zerstörung allein bei den Maji-Maji-Kriegern sahen.

Nach Angaben von Gwassa fielen zudem Zehntausende Angehörige der Ngoni während des Krieges und in der Folgezeit den Grausamkeiten zum Opfer. Nach Schätzungen ging ihre Zahl von 80.000 auf 20.000 zurück.[49] Im Distrikt Songea, im Südwesten des heutigen Tansania, lebten von ursprünglich gezählten 166.000 Einwohnern nach dem Krieg nur noch 20.000. Songea ist die Heimat vieler Ngoni.

Der Begriff »Volk« ist in Bezug auf afrikanische Gruppen irreführend, wenn man damit Alteingesessene meint, die seit Jahrhunderten dieselbe Sprache sprechen, die gleiche Abstammung haben, schon lange in demselben Gebiet leben und sich in Abgrenzung zu anderen Gruppen definieren. Das ist eine eurozentristische Sichtweise. Afrikanische Gruppen waren in Wirklichkeit oft auf Wanderschaft. So wanderten die Ngoni im 19. Jahrhundert vom Süden Afrikas in das Gebiet des heutigen Tansania ein. Sie flohen ab den 1820er Jahren aus dem Gebiet, in dem der Zulu-Herrscher Shaka ein Königreich errichtete. Es gibt Quellen, die nahelegen, dass nicht wenige Ngoni während ihrer Wanderung durch die heutigen Staaten Simbabwe, Sambia, Mosambik und Malawi raubten und plünderten. Geraubt wurden vor allem Vieh und Frauen. Dabei waren die Ngoni aber auch offen für andere Menschen und ganze Völker, die erst unterworfen wurden, sich dann den Ngoni anschlossen und assimiliert wurden.[50]

Auch andere ethnische Gruppen wurden im heutigen Tansania während des Maji-Maji-Krieges und in der Zeit danach fast komplett ausgelöscht. Von den Pangwa, die in der südwestlichen Region Njombe beheimatet sind, starben neun Zehntel, konstatiert der deutsche Forscher Jigal Beez, der zwischen 2006 und 2011 für den Deutschen Entwicklungsdienst und die Gesellschaft für Internationale Zusammenarbeit in Tansania, Uganda und Südafrika im Bereich der Demokratieförderung und Stärkung der Zivilgesellschaft tätig war. Die Pangwa werden unter anderem über ihre gemeinsame Sprache identifiziert, die zu den Bantu-Sprachen zählt. Im Jahr 2022 gaben offizielle Statistiken die Zahl der Pangwa in Tansania mit etwa 190.000 an.[51]

Von schätzungsweise 40.000 Vidunda, deren Gebiet vor allem in bergigen Gegenden in der Nähe von Morogoro liegt, überlebte ebenfalls nur eine Minderheit den Maji-Maji-Krieg und die darauf folgende Hungersnot. Nach Angaben der britischen Admiralität lebten im Jahr 1916 nur noch etwa 5000 Vidunda in der Kolonie.[52]

Der Hungertod war Teil des Plans der deutschen Kolonialverwaltung. Diese legte fest, dass nur arbeitsfähige Einheimische Nahrungsmittelhilfe erhalten sollten. Wer zu schwach war, um die schwere körperliche Arbeit auf den Plantagen oder den Straßenbaustellen zu leisten, den überließen sie einem grausamen Schicksal.[53]

Es gab zwar keinen expliziten Vernichtungsbefehl in der ostafrikanischen Kolonie, wie ihn Lothar von Trotha in Südwestafrika ausgesprochen hatte, aber der Begriff der »Vernichtung« wurde unter anderem von rechten Publizisten in Bezug auf die Maji-Maji-Krieger und ihre Unterstützer benutzt. In der *Deutsch-Ostafrikanischen Zei-*

tung, abgekürzt *DOAZ*, wurde der Krieg gegen die Einheimischen in der Kolonie als Kampf zwischen »Natur« und »Kultur« bezeichnet. »Und hierzu braucht es Gewalt. Denn nur dies imponiert den Naturmenschen. Diplomatische Kunststücke versagen bei Menschen unterer Kulturstufe, wenn sie nicht durch Waffengewalt unterstützt werden«, so ein Schreiber der Zeitung, die von 1899 bis 1916 in Dar es Salaam gedruckt wurde. Das bedeutete: Die Bevölkerung solle »bedingungslos zu Kreuze kriechen«. Sonst drohte »Krieg bis zur Vernichtung«. Solche Texte begleiteten die deutsche Großoffensive gegen die Maji-Maji-Krieger im Herbst 1905.[54]

Außerdem wurden die Afrikaner gegenüber den Europäern als minderwertig bezeichnet. Rassistische Praktiken waren in jeder deutschen Kolonie allgegenwärtig. Die deutsche Kolonialherrschaft basierte von Beginn an auf der Ideologie des »Herrenmenschentums«, die auch später die Ideologie des deutschen Faschismus prägte. In den Schriften des Grafen von Götzen taucht immer wieder die Sorge auf, dass sich die »Rassen miteinander vermischen« könnten, also »Weiße« mit »Schwarzen«.[55]

Dass der Prozess der Kolonisierung und Unterwerfung mit massiver Gewalt einhergehen werde, war den Deutschen von Anfang an bewusst. »Um einem schwarzen Kontinent den Weg zur Zivilisation zu öffnen, war es unmöglich, ohne Grausamkeit vorzugehen«, erklärte der preußische Offizier Eduard von Liebert, der von 1896 bis 1901 Gouverneur in Ostafrika war.[56] Nach dem Ausbruch des Maji-Maji-Krieges sagte von Liebert in einem Zeitungsinterview, dass »der Aufstand mit eiserner Faust und schonungsloser Strenge« niedergeschlagen werden solle. »Wie der friedfertige und gutmütige Neger zur Bestie wird und in Taumel gerät, sowie er Blut sieht, so muss auch erst Blut fließen, ehe der Frieden wiederhergestellt werden kann. Jede Schwäche im falschen Augenblicke wäre verhängnisvoll. Erst nachdem er die überlegene Macht des Weißen gefühlt hat, kann man mit dem Neger paktieren.«[57]

Wer, wie von Liebert, Menschen als »Bestien« bezeichnete, der tat nichts anderes, als zu deren Abschlachtung aufzurufen. Liebert bewegte sich nach dem Ersten Weltkrieg in antisemitischen und prokolonialen Kreisen. Im Jahre 1929 trat er in die NSDAP ein, um dort seinen Rassenwahn sowie seinen Hass auf Sozialdemokraten und Kommunisten weiter ausleben zu können, bevor er 1934 starb.

Vor den Massenmorden in Ostafrika gab es Überlegungen im Kaiserreich, ob nicht eine Massendeportation der Ethnien der richtige Weg sei, um den Widerstand in den Kolonien zu brechen. Es existierten Pläne, die Herero und Nama nach Ostafrika zu bringen und die Chagga nach Deutsch-Südwestafrika. Die Chagga leben rund um das Kilimandscharo-Massiv und hatten sich 1891/92 militärisch gegen die Deutschen gewehrt, nachdem Carl Peters die Heimatdörfer seiner von ihm ermordeten afrikanischen Konkubine und ihres mutmaßlichen Liebhabers zerstören ließ. Denn wenn Menschen aus der Wüste, also die Herero und Nama, ins Hochland deportiert würden, und umgekehrt die Chagga, die im Hochland gelebt hatten, in der Wüste zurechtkommen müssten, hätten sie andere Dinge zu tun, als Aufstände zu planen, so die Überlegungen der Deutschen. Letztlich wurden diese Vorhaben allerdings als zu aufwendig angesehen und deswegen nicht weiter verfolgt.[58] Man braucht nicht viel Fantasie, um sich vorzustellen, dass auch diese Deportationen zum Leid und Tod vieler Menschen geführt hätten.

Die deutsche Taktik der »verbrannten Erde« begann bereits, um den Widerstand im Guerillakrieg der Maji-Maji-Kämpfer zu brechen.[59] Die Söldner der Deutschen, die Askaris, stahlen in den Dörfern das Essen, zerstörten das Getreide und verbrannten Felder und Getreidespeicher. Sie und die Deutschen durchkämmten systematisch das Gebiet von Dorf zu Dorf, von Feld zu Feld, damit die Kämpfer und ihre Unterstützer nichts mehr zu essen hatten. Der Busch, Nutzpflanzen und alle Dörfer in den Gebieten wurden verbrannt. Zeitgleich musste die Zivilbevölkerung Gewalt und Morde fürchten. Die Askaris hatten keinerlei Skrupel, neben den Erwachsenen auch Kinder zu töten. Es existieren außerdem Augenzeugenberichte, wonach die Askaris schwangere Frauen aufgeschnitten und den Fötus weggeworfen haben sollen.

Der Gouverneur von Deutsch-Ostafrika von 1901 bis 1906, Graf Gustav Adolf von Götzen, nannte die Hungersnot einen »Verbündeten« der militärischen Führung im Kolonialkrieg, um diesen zu gewinnen. Dazu habe es keine Alternative gegeben, so von Götzen.[60] Auch in den Jahren zuvor hatte es schlechte Ernten und Mangel an Nahrungsmitteln gegeben. Aber die nun von den Deutschen verursachte Not stellte alles zuvor Erlebte in den Schatten. Eine Ostafrikanerin berichtete laut Aufzeichnungen eines Geistlichen im Februar 1907: »Seit meiner Geburt habe ich nie einen solchen Mangel gesehen. Ich habe Hungersnöte erlebt, aber keine, die die Menschen sterben ließ. In dieser Hungersnot sterben viele. Ihre Nahrung besteht aus Insekten aus den Wäldern, die sie sammeln, kochen und essen.«[61]

Die Kolonialtruppen wussten, welche Folgen ihre Handlungen hatten. Über Mahenge und das Umland im Süden des heutigen Tansania notierte Graf von Götzen im Jahr 1907: »Die Bevölkerung dieser Gegenden war zu großem Teil entflohen oder zugrunde gegangen.« Der Truppenführer habe Bericht erstattet über »zahlreiche Leichen von Verhungerten«. Diese zeigten, »welchem Umstand auch hier die Unterwerfung, zu der die Leute jetzt geneigt sind, in der Hauptsache zu danken ist«.[62] Im Krieg gegen »unzivilisierte Völkerschaften«, schrieb von Götzen, sei »die planmäßige Schädigung der feindlichen Bevölkerung an Hab und Gut unerlässlich«.[63] Der Hungertod vieler Zivilisten war in der deutschen Strategie also einberechnet gewesen, und die Befehlshaber zeigten sich zufrieden, als sie sich die Folgen ansahen.

Im Jahresbericht des Gouvernements aus dem Jahr 1907 über die Entwicklung in Ostafrika stand, dass die Nahrungsmittelvorräte der Besiegten zerstört waren und der weitere Anbau für sie unmöglich gemacht worden war. Aus Sorge um die Zukunft unterwarfen sich die Afrikaner. Doch auch das Schicksal vieler Bewohner der Kolonie, die nach den Schrecken des Krieges bereit waren, ihre Freiheit aufzugeben, damit endlich Frieden herrschte, war besiegelt. »Von denen, die Krieg und Hunger verschont hatten, fiel eine große Zahl entkräftet jeder Krankheit zur Beute. Wurmleiden traten seuchenartig auf und breiteten sich, durch die Arbeiter verschleppt, auch in vorher gesunden Gegenden aus. Den schlecht genährten Müttern versagte die Milch, sodass in manchen Gegenden eine enorme Kindersterblichkeit eintrat«, heißt es in dem Jahresbericht des Gouvernements. Für die Bevölkerung wirkte sich auch verschärfend aus, dass die Regenzeit im ersten Halbjahr 1907 ausblieb.

Der Bericht des Gouvernements legt auch an anderen Stellen nahe, mit welcher Mischung aus Genugtuung und Emotionslosigkeit die Deutschen den von ihnen begangenen Massenmord registrierten. So wurde darin notiert, dass Mohoro, Lindi und Kilwa im Südosten der Kolonie »infolge der großen Menschenverluste noch einige Zeit brauchen, um sich vollständig zu erholen«.[64]

Allerdings finden sich in den zeitgenössischen Schriften der deutschen Täter zum Maji-Maji-Krieg auch zahlreiche beschönigende Passagen, in denen Graf von Götzen etwa behauptet, dass Grausamkeiten gegenüber Frauen und Kindern »vermieden wurden«. Auch die Askaris nahm er immer wieder in Schutz. Von Götzen bescheinigte ihnen eine angebliche »Freude am Soldatenberuf«.[65] Dass viele Verbrechen von den Askaris begangen wurden, befreit die Deutschen nicht von ihrer Verantwortung. Denn sie waren die Befehlshaber, und die Grausamkeiten während des Krieges blieben weitgehend straffrei. Auch das ist ein Hinweis darauf, dass sie bei der deutschen Militärführung auf Zustimmung stießen. Bestraft wurden die Askaris vielmehr, wenn sie die Befehle nicht im Sinne der Deutschen ausübten oder der Verdacht bestand, dass sie nicht mehr loyal sein könnten.[66]

Obwohl nicht alle Menschen im Süden des heutigen Tansania an dem Maji-Maji-Krieg als Kämpfer teilnehmen wollten, galten sie für die Kolonialtruppen ohne Unterschied als verdächtig. Die Strafen sollten auch die Zivilbevölkerung treffen. Denn viele Menschen hatten die Maji-Maji-Kämpfer unter anderem mit Nahrungsmitteln versorgt. In der Folge wurden auch zahlreiche Unbeteiligte ermordet, wie Gwassa, der noch mit Zeitzeugen sprechen konnte, in seinem Buch nachweist. Nach dem Krieg wurden alle gehängt, die verdächtigt wurden, etwas mit den Maji-Maji-Kämpfern zu tun gehabt zu haben. Die Methoden der Deutschen nach dem Krieg waren noch zerstörerischer als die während des Krieges selbst. Das brutale Vorgehen hat letztlich die koloniale Herrschaft des Deutschen Kaiserreichs gestärkt und die Afrikaner davon abgehalten, zu versuchen, sich in der nächsten Zeit noch einmal mit Gewalt gegen die Kolonialherrschaft zu wehren.[67]

Trotz dieses Vernichtungswillens ist es unter Forschern bis heute umstritten, ob man von einem Völkermord sprechen kann. Denn einerseits schreckten die Kolonialtruppen vor keiner Grausamkeit zurück. Andererseits betrachteten die Deutschen die Einwohner als ihr Eigentum, das noch benötigt wurde. Schließlich dachten die Kolonialherren auch an den wirtschaftlichen Profit. Der Kapitalismus funktioniert nicht, wenn niemand mehr da ist, dessen Arbeitskraft ausgebeutet werden kann. Militärische Befehlshaber wie Graf von Götzen machten sich diesbezüglich zumindest zeitweilig keine großen Gedanken. Er verteidigte »die Vernichtung von wirtschaftlichen Werten«, da »afrikanische Negerhütten in kurzer Zeit wieder entstehen« und die »Üppigkeit der tropischen Natur rasch wieder neue Feldfrüchte hervorbringt«. Er ging auch nicht davon aus, dass die Afrikaner ebenso wie die indigenen Bevölkerungen Australiens und in Teilen Amerikas durch Hunger, Krankheiten und harte Arbeitsbedingungen in einer großen Zahl vernichtet werden könnten. Die Deutschen sprachen in ihrem rassistischen Denken den Afrikanern größere Abwehrkräfte zu. Sie seien von »starker Vitalität« und »Anpassungsfähigkeit«, so von Götzen.

Deswegen hatte der Gouverneur auch keinerlei Skrupel, mit einer »Vernichtungstaktik« – diesen Begriff benutzte von Götzen wortwörtlich – gegen die Aufständischen und die Zivilbevölkerung vorzugehen. Er war sich sicher, dass vom Vernichtungsfeldzug noch genug Menschenmaterial übrigbleiben werde, das sich in Friedenszeiten wieder nutzen ließ, um zugunsten der deutschen Siedler und des Kaiserreiches weiter Kapital akkumulieren zu können. Manche

Regionen in Ostafrika mussten eben für eine unbestimmte Zeit abgeschrieben werden, andere würden sich wieder »erholen«.

Ob es einen expliziten Befehl der deutschen Militärführung für die Strategie der »verbrannten Erde« gab oder man davon ausgehen muss, dass sie unter den Soldaten auch ohne Befehl als selbstverständlich angesehen wurde, ist unter Historikern umstritten.[68] Überliefert ist indes ein Zitat des deutschen Majors der sogenannten Schutztruppe, Curt von Wangenheim, vom Oktober 1907. Er erklärte, dass wenn die verbliebene Nahrung verzehrt und die Häuser der Menschen zerstört wären und diese keine Möglichkeit mehr hätten, Felder zu bestellen, weil die Kolonialtruppen dies durch ständige Kontrollen unterbinden würden, dann wäre der Widerstand der Ostafrikaner gebrochen.[69] Somit hatte von Wangenheim deutlich die Strategie der »verbrannten Erde« erläutert.

Auch Beobachtern aus dem Deutschen Reich war klar, dass hier ein Vernichtungskrieg geführt wurde. Ein Redakteur der *Kölnischen Zeitung* schrieb im Jahr 1908, dass der ansonsten ziemlich ergiebige Ackerbau augenblicklich noch darniederliege, weil »infolge des letzten Aufstandes ein großer Teil der männlichen Bevölkerung vernichtet worden ist«.[70]

Die Belege dafür, im Zusammenhang mit dem Maji-Maji-Krieg von einem Völkermord zu sprechen, sind also erdrückend. Trotzdem sind einige deutsche Geschichtswissenschaftler im Unterschied zu ihren afrikanischen Kollegen wie etwa Professor Oswald Masebo zurückhaltend. Das gilt auch für den Berliner Afrika-Historiker Ludger Wimmelbücker. Zwar weist er darauf hin, dass die Bevölkerungsverluste in Ostafrika größer waren als in Südwestafrika. Aber das Vorgehen habe nicht so systematisch gewirkt wie der Massenmord an den Herero und Nama. Die Vernichtungsaktionen seien in Ostafrika nicht derart effektiv und flächendeckend durchgeführt worden wie dort, so Wimmelbücker.

Zudem meint der Afrika-Historiker, dass es keinen klaren Beweis dafür gebe, dass die Kolonialtruppen die klare Absicht verfolgten, die Völker ausrotten zu wollen. Das Verhalten der Kolonialtruppen sei keinem von oben dekretierten Genozid gleichgekommen, meint der deutsche Historiker. Als vermeintlicher Beleg für diese These gilt die Zeit nach dem Maji-Maji-Krieg in Ostafrika. Albrecht von Rechenberg, der seit 1906 Gouverneur der Kolonie war, sah die Afrikaner zu dieser Zeit vor allem als Plantagenarbeiter, kleinbäuerliche Produzenten und mögliche Käufer europäischer Waren. Er bemühte sich, die oft willkürlich angewandte Prügelstrafe gegen die entrechteten Einwohner der Kolonie durch die deutschen Siedler zumindest einzugrenzen. Für die Kolonialmacht standen also ökonomische Vorteile im Vordergrund und nicht die Vernichtung von Menschen.[71] Auch der Freiburger Sozialwissenschaftler Heiko Wegmann kommt zu dem Schluss, dass im Unterschied zum Krieg in Südwestafrika nicht das Ziel bestanden habe, die Bevölkerung zu vernichten, sondern sie sollte vielmehr unterworfen werden.[72]

Diese Ausführungen sind durchaus wichtig, um etwa Unterschiede zwischen den Verbrechen in der Kolonie Ostafrika und den Genoziden an den europäischen Juden und an den Sinti und Roma durch die Nazis deutlich zu machen. Diese Gruppen hatten, anders als die Afrikaner einige Jahrzehnte zuvor für das Deutsche Kaiserreich, aus Sicht der Nazis keinen langfristigen wirtschaftlichen Nutzen, sondern sollten während des Zweiten Weltkrieges als »Schädlinge« vollständig ermordet werden. Allerdings muss auch betont werden, dass den Kolonialtruppen bewusst war, welche Folgen ihr Handeln hatte, und sie das massenhafte Sterben von Menschen wissentlich in Kauf genommen haben. Allein das ist ausreichend, um die Taten als Völkermord zu bezeichnen.

Die Ignoranz gegenüber den Verbrechen in den deutschen Kolonien zu Beginn des 20. Jahrhunderts lässt sich auch dadurch erklären, dass niemand über das Völkerrecht wachte. Zwar existierte seit Ende des 19. Jahrhunderts die Haager Landkriegsordnung, welche die Einhaltung des humanitären Völkerrechts während kriegerischer Auseinandersetzungen sicherstellen sollte und im Jahr 1907 leicht geändert wurde. Dabei ging es auch um den Umgang mit Kriegsgefangenen und der Zivilbevölkerung, die laut Abkommen »so weit wie möglich verschont« werden sollten. Allerdings galt das Abkommen, ganz im Sinne der rassistischen Gesinnung der Führungen imperialistischer Länder, nur für den Krieg zwischen sogenannten zivilisierten Staaten. In den Kolonien hoben die Europäer bei kriegerischen Auseinandersetzungen den Unterschied zwischen Kombattanten und Nicht-Kombattanten auf und sahen sich im Recht, wenn sie ihren Krieg auch gegen die Zivilbevölkerung führten.[73]

Die in Nordamerika und Europa seit dem 19. Jahrhundert herausgebildete Völkerrechtslehre war zunächst auch ein Mittel der Diskriminierung. Ausgeschlossen wurden nämlich diejenigen, die nicht als staatlich souverän anerkannt wurden. Die kolonisierten Völker waren staatsrechtlich keine Angehörigen des Deutschen Reiches mit entsprechenden Rechten, sondern galten als Untertanen minderen Rechts.[74] Den Afrikanern wurde folglich um 1900 in der Regel nicht mal auf dem Papier ein völkerrechtlicher Schutz zugestanden, obwohl sie die Voraussetzungen des Haager Abkommens erfüllten. Sie trugen offen Waffen, hatten Abzeichen und waren Kommandeuren unterstellt.[75]

Aber auch in Europa wurde der Vertrag zuweilen nicht weiter beachtet, als etwa das deutsche Militär zu Beginn des Ersten Weltkrieges im Jahr 1914 nach dem Überfall auf Belgien schwere Kriegsverbrechen und Massaker an der dortigen Zivilbevölkerung beging.

Erst in jüngerer Vergangenheit sind auch einige westliche Forscher zu dem Schluss gekommen, dass es starke Beweise dafür gibt, dass in Ostafrika tatsächlich ein Völkermord begangen wurde und die Deutschen in einer »genozidalen Absicht« gehandelt haben. Die Angriffe auf die Zivilbevölkerung und die dadurch verursachte Hungersnot reichen aus, um diese These zu stützen. Das schreiben etwa der Historiker Klaus Bachmann und der Jurist Gerhard Kemp in einem wissenschaftlichen Aufsatz von 2021. Auch sie verweisen auf die großen Opferzahlen. Während die deutsche Kolonialverwaltung schätzte, dass infolge des Krieges etwa 75.000 Menschen starben, nannte Gilbert Gwassa 250.000 bis 300.000 Todesopfer. Einige neuere Forschungen, auch in Europa, gehen davon aus, dass die

Wahrheit zwischen diesen Zahlen der Deutschen und des tansanischen Historikers liegt, wenn man die Menschen einbezieht, die an Krankheiten und Hunger starben.[76] Inzwischen ist in den meisten Publikationen von »mindestens 100.000« oder »bis zu 300.000« Todesopfern die Rede.

Viele Details im Umfeld des Krieges sind bis heute nicht aufgeklärt. Aus den Schriften des Grafen von Götzen geht hervor, dass die Deutschen auch in Ostafrika zumindest ein »Konzentrationslager«, wie der Gouverneur es selbst bezeichnete, errichtet hatten. Dieses lässt sich zwar nicht mit den späteren Vernichtungslagern der Nazis vergleichen, aber es ist bemerkenswert, dass bereits damals derselbe Begriff benutzt wurde. Dieses »große Konzentrationslager« wurde in Kibata, nicht weit von der Küste im südlichen Teil der Kolonie, für »Hunderte von Weibern und Kindern« angelegt, schrieb von Götzen.[77] Hier seien die »sich Unterwerfenden gesammelt worden, damit sie unter dem Schutz des Postens Lebensmittel anbauen konnten«.[78] Weitere Details finden sich in dem Buch des damaligen deutschen Gouverneurs nicht über das Konzentrationslager in Ostafrika. Unklar bleibt auch, wie viele Lager dieser Art es in der Kolonie gab und ob dort tödliche Lebensbedingungen herrschten.

Allerdings liegt es nahe, dass die Vorbilder für die von den Deutschen errichteten Lager die englischen Konzentrationslager in Südafrika waren. Diese entstanden während des Südafrikanischen Krieges (1899–1902), in dem Großbritannien versuchte, die unabhängigen Burenrepubliken des Transvaal und Oranje Freistaats ins Empire zu integrieren. »In einem englischen Gehirn ist die Idee der Konzentrationslager geboren worden. Wir haben nur im Lexikon nachgelesen und haben das dann später kopiert«, sagte Adolf Hitler im Berliner Sportpalast am 30. Januar 1940. Allerdings waren diese Lager der Briten nicht annähernd zu vergleichen mit denen der Nazis, wo Millionen von Menschen ermordet wurden.

Die Deutschen pferchten während des Krieges in Südwestafrika und in der Zeit danach die gefangenen Herero und Nama in Konzentrationslager. Diese dienten zwar nicht wie später bei den Nazis der industriellen Vernichtung von Menschen, aber die Lebensbedingungen dort waren so schlecht, dass Tausende Herero und Nama starben.[79]

Weitere Hinweise auf die Zustände in deutschen Konzentrationslagern in Afrika finden sich im Zusammenhang mit dem Wirken von Robert Koch. Der berühmte Mediziner sprach von »Konzentrationslagern«, als er sich in den Jahren 1906 und 1907, also während des Maji-Maji-Krieges, in Ostafrika aufhielt und Experimente an Menschen durchführte.[80] Sein Name ist eng mit imperialer Politik und Verbrechen gegen die Menschlichkeit verbunden. Trotz der kolonialen Vergangenheit gilt Robert Koch in Deutschland noch immer als sehr verdienstvoller Mann. Das nach ihm benannte Robert Koch-Institut (RKI), das im Jahr 1891 gegründet wurde, ist die zentrale Einrichtung der Bundesregierung auf dem Gebiet der Krankheitsüberwachung und Prävention. Somit übernimmt es auch Aufgaben der biomedizinischen Forschung. Während der Hochphase der Covid-19-Pandemie in den Jahren 2020 und 2021 waren das Institut und seine Vertreter in der Öffentlichkeit ständig präsent.

Gedanken darüber, dass es ratsam wäre, diese Einrichtung mit Hauptsitz in Berlin eines Tages umzubenennen, gibt es bisher nicht. Auf der Website des Instituts wird lediglich darauf hingewiesen, dass die Reisen von Robert Koch in Ostafrika in den Jahren 1906 und 1907 wohl das »dunkelste Kapitel in der Karriere des Institutsgründers« gewesen seien. Einige Einzelheiten über den Mediziner werden ausgelassen. Robert Koch hatte in Ostafrika die Aufgabe, die Schlafkrankheit zu erforschen. Diese Krankheit verlief tödlich und grassierte in der Region. Zehntausende Menschen fielen ihr zum Opfer. Die Erreger der Schlafkrankheit werden durch die blutsaugende Tse-Tse-Fliege auf den Menschen übertragen. Nachdem die Kolonialtruppen massenhaft Menschen während des Maji-Maji-Krieges massakriert hatten, war der Kolonialverwaltung nun daran gelegen, dass die Arbeitskraft der Überlebenden geschützt wurde. Außerdem sorgte sie sich um die Gesundheit der deutschen Soldaten und Siedler.

Aus diesen Gründen führte Koch, der 1905 für seine Untersuchungen und Entdeckungen auf dem Gebiet der Tuberkulose mit dem Nobelpreis geehrt wurde, Menschenversuche an Afrikanern durch. Das Schwerpunktgebiet für seine Forschungen waren die Sese-Inseln im Viktoriasee, die von den Briten beherrscht wurden. Nach der Unabhängigkeit der Kolonien wurde der größte See in Afrika Teil der Staaten Tansania, Uganda und Kenia. Dort entdeckte Robert Koch den Seuchenherd für die Schlafkrankheit. Als Medikament testete er das arsenhaltige Mittel Atoxyl, das den Ruf hatte, die Trypanosomen im Körper der Kranken zu vernichten. Koch erhöhte die Dosis schrittweise auf ein Gramm Atoxyl und spritzte in Intervallen von sieben bis zehn Tagen. Die Probanden litten unter Schmerzen und später Erblindung. Viele von ihnen starben.

Koch nahm den Tod tausender Menschen billigend in Kauf. Dabei wusste er, welche Wirkung Atoxyl hatte. Im Deutschen Reich waren solche Experimente nur an Tieren erlaubt, und es war verboten, sie an Menschen durchzuführen. Koch ging es offensichtlich auch gar nicht darum, die erkrankten Menschen zu heilen. Wichtig war aus seiner Sicht nur, Strategien zu entwickeln, um die weitere Ausbreitung der Krankheit zu verhindern. Dafür war Atoxyl ein durchaus geeignetes Mittel. Denn die Personen, die dieses Mittel verabreicht bekamen, konnten die Krankheit nicht weitergeben. Deswegen plante Koch eine umfangreiche Atoxylkampagne für die deutsche Kolonie Ostafrika.

Er schlug außerdem vor, Konzentrationslager zur Isolierung von Erkrankten einzurichten. Ganze Dörfer sollten isoliert werden, auch mit Zwang. Die Pläne von Koch sahen vor, dass die Kranken unter sich blieben und niemandem begegneten, den sie anstecken konnten. Letztlich würden die Kranken an der Schlafkrankheit sterben.[81]

Der deutsche Mediziner malte sich zudem aus, dass Menschen, die nicht infiziert waren, in Gebiete umgesiedelt würden, in denen die Tse-Tse-Fliegen noch nicht ihr Unwesen trieben. Die Gesunden sollte man dann nach einer gewissen Zeit – bis die Fliegen ihre Infektionsfähigkeit verloren hätten – wieder an ihren ursprünglichen

Wohnsitz zurücklassen. Allerdings wusste Koch wohl nach einiger Zeit, dass dieses Vorhaben einer großen Umsiedlung nicht durchführbar und nur eine Utopie war. Umgesetzt wurde hingegen das Konzept der Isolierung von Kranken in Konzentrationslagern. Es wurde auch in den deutschen Kolonien Togo und Kamerun übernommen.[82]

Auch die Lager, in denen Koch und andere europäische Mediziner in Afrika an Einheimischen experimentierten, wurden als Konzentrationslager bezeichnet. Hier gab es nur Strohhütten und rudimentäre Zelte. Den Menschen mangelte es unter anderem an Verpflegung. Oft gab es für sie nur Mehl und Salz zu essen. Sauberes Wasser war eine Seltenheit. Die Flucht war für die große Mehrheit der von Krankheiten, den schrecklichen Lebensbedingungen und den Experimenten geschwächten Menschen unmöglich. Mehr als tausend Afrikaner wurden täglich in solchen Lagern behandelt, berichtete Koch.

Robert Koch starb im Jahr 1910. Andere Ärzte, die in den Kolonien an Menschen experimentierten, setzten ihre Grausamkeiten in den Konzentrationslagern der Nazis fort. Einer von ihnen war Claus Schilling. Er hatte bei Robert Koch in Berlin studiert und sich mit der Bekämpfung von Malaria beschäftigt. Später wurde er ein sogenannter Kolonialarzt in Togo und Ostafrika. Zumindest aus Togo ist bekannt, dass er in seiner Praxis für Einheimische Experimente an Menschen durchführte.

Die Faschisten ermöglichten Claus Schilling, seine menschenverachtenden Praktiken wieder aufzunehmen. Unter dem Regime des Diktators Benito Mussolini in Italien experimentierte er an Psychiatriepatienten. Die Italiener waren sehr an den Forschungen zu Malaria interessiert, da sie fürchteten, dass sich die Krankheit in ihren Truppen nach dem völkerrechtswidrigen Angriff auf das Kaiserreich Abessinien, heute Äthiopien, im Jahr 1935 ausbreiten könnte.

Später setzte Schilling seine Machenschaften im Konzentrationslager Dachau fort. Dort infizierte er im Auftrag des Naziregimes mehr als 1000 Häftlinge mit Malaria, um ein Medikament gegen die

Tropenkrankheit zu finden. Im Prozess gegen die Dachauer Wachmannschaften wurde Schilling in der damaligen US-amerikanischen Besatzungszone 1945 zum Tode verurteilt. Die Hinrichtung wurde im darauffolgenden Jahr vollstreckt.[83]

Nicht zur Rechenschaft gezogen wurde hingegen der Sanitätsoffizier Robert Kudicke, der sich im Jahr 1906 gemeinsam mit Robert Koch in Ostafrika aufhielt und ein Schüler des Nobelpreisträgers war. Kudicke war an den Maßnahmen von Koch beteiligt, die zur Eindämmung der Schlafkrankheit in Ostafrika dienen sollten. Von Kudicke ist ein Bericht an das preußische Kultusministerium aus dem Jahr 1907 überliefert. Darin machte er die Mobilität der Einheimischen für die Verbreitung der Schlafkrankheit verantwortlich. Zu diesem Zeitpunkt hielt er sich in Kigarama auf, im heutigen Ruanda, das damals Teil der Kolonie Deutsch-Ostafrika war.

Der Arzt sprach sich dafür aus, »dem Reisen der männlichen Eingeborenen Einhalt zu tun. Soweit ich das beurteilen kann, wird das schwierig sein. Erforderlich ist es deshalb, die Reisenden zu überwachen«, empfahl Kudicke. Ob die Personen infiziert waren oder nicht, war für ihn offensichtlich unerheblich. Es ging um Reisebeschränkungen, welche für die Betroffenen starke Einschränkungen in ihrem Leben bedeuteten.[84]

Inwieweit Kudicke an Kolonialverbrechen beteiligt war, ist noch kaum erforscht. Die Zusammenarbeit mit Koch hatte ihn aber offensichtlich sehr geprägt. Sichere Informationen gibt es darüber, dass Kudicke später mit den Nazis zusammenarbeitete und für sie die Menschenversuche fortsetzte, für die Koch einst bekannt war. Nach dem Überfall und der Besetzung von Polen im Jahr 1939 übernahm Kudicke in der Hauptstadt Warschau das Hygiene-Institut. Dort sollte er unter anderem die Ausbreitung von Typhus bekämpfen. Es gab einige Ähnlichkeiten zur Epidemie der Schlafkrankheit. Deswegen schien Kudicke für diese Aufgabe besonders geeignet zu sein. Auch in Warschau sprach er sich, wie einst in Ostafrika, dafür aus, die Mobilität der dort lebenden Menschen, in diesem Fall der Juden, strikt einzuschränken.

Er testete im Ghetto, in das die jüdische Bevölkerung von den Nazis gezwungen wurde, Impfstoffe an den Menschen. Mehr als 20 der Probanden sollen an den Folgen gestorben sein. Kudicke empfahl zudem, die Versorgung mit Nahrungsmitteln im Ghetto zu verbessern. Allerdings ging es ihm dabei nicht um das Wohl der Bewohner, sondern er argumentierte, dass dann weniger Menschen die Flucht versuchen würden.[85] Nach dem Krieg war Kudicke trotz seiner Mitwirkung an den Nazi-Verbrechen ein angesehener Mann in der Bundesrepublik. Er wurde Professor für Epidemiologie in Frankfurt am Main, wo er 1961 starb.

Ein kurzer Blick auf die Biografie der Mediziner im Umfeld von Robert Koch zeigt, dass sie während der Kolonialzeit und später unter den Nazis ähnlich skrupellos agierten und Menschen, die angeblich rassisch minderwertig waren, für ihre Forschungen opferten. Die Vernichtungspolitik des Kaiserreiches in den Kolonien war ein Vorläufer der späteren Verbrechen der deutschen Faschisten und der historisch singulären industriellen Tötung von Menschen während des Zweiten Weltkriegs, darunter sechs Millionen Juden.

2.2. Bedeutung der Geschichtspolitik für die Gegenwart

Es wäre falsch, für den Völkermord in Ostafrika lediglich die militärischen Befehlshaber und die Soldaten der sogenannten Schutztruppe verantwortlich zu machen. Die damalige Zeit im Deutschen Kaiserreich und in anderen imperialistischen Staaten war geprägt von einer rassistischen Verachtung gegenüber den Menschen in den Kolonien. Die herrschende Politik sowie Medien und sogenannte Wissenschaft im Kaiserreich hatten daran einen entscheidenden Anteil. Folglich waren die schweren Verbrechen, die in Ostafrika begangen wurden, kein Einzelfall. Vielmehr gingen die Deutschen in nahezu jeder Kolonie, die von ihnen beherrscht wurde, brutal gegen die einheimische Bevölkerung vor. Gewalt war die Regel und keine Ausnahme. Sie wurde maßlos durch Arbeitszwang und bei der

Bekämpfung von Unabhängigkeitskriegen angewandt. Viele Menschen litten unter der Willkür der Kolonialherrscher.

Deswegen ist es sinnvoll, das deutsche Vorgehen während des Maji-Maji-Krieges im Kontext der insgesamt zerstörerischen Kolonialpolitik des Kaiserreichs zu sehen. Das mittlerweile bekannteste Beispiel für diese Politik ist der Völkermord an den Herero und Nama. Es hat sehr lange gedauert, bis dieser Genozid im Bewusstsein eines Teils der deutschen Bevölkerung angekommen ist. Die Kolonialtruppen des Kaiserreichs hatten zwischen den Jahren 1904 und 1908 in der deutschen Kolonie Südwestafrika nach Schätzungen von Historikern zwischen 40.000 bis 60.000 Herero sowie etwa 10.000 Nama getötet. Das waren 80 Prozent der Herero und mehr als die Hälfte der Nama. Sie hatten sich gegen die koloniale Landnahme durch die Deutschen gewehrt.

Die Herero und Nama starben nicht nur durch die Gewehrkugeln während der Widerstandskämpfe gegen die Kolonialmacht, sondern die Deutschen ließen zudem viele Afrikaner in der Wüste verdursten oder pferchten sie in Konzentrationslager ein, wo nahezu jeder zweite Gefangene wegen der unmenschlichen Bedingungen und fehlender Versorgung ums Leben kam. Diese Taten waren der erste Völkermord des 20. Jahrhunderts, und es gibt einige Parallelen zum Vorgehen der Kolonialtruppen in Ostafrika.

Während des Maji-Maji-Krieges wurde im Deutschen Reich darüber spekuliert, ob es einen Zusammenhang zwischen diesem Ereignis und dem Widerstand der Herero und Nama gab. Als möglich wurde angesehen, dass die Menschen in Ostafrika Kenntnis erlangt hatten vom Krieg in Südwestafrika und sich ermutigt sahen, selber mit Gewalt gegen die Kolonialherrschaft vorzugehen. Einen Beleg für diese These gibt es allerdings nicht.[86]

Es lag in erster Linie an der Hartnäckigkeit der Nachfahren der Herero- und Nama-Opfer, dass sich die Bundesregierung mehr als 100 Jahre nach dem Völkermord letztlich zu einem sogenannten Versöhnungsabkommen durchringen musste. Für Aufsehen sorgte etwa eine Klage in New York gegen die Bundesrepublik, weil Einnahmen der früheren deutschen Reichsregierung aus dem Landraub in Südwestafrika in den Erwerb von vier Immobilien in der Stadt New York geflossen waren. In einer Immobilie befinden sich mittlerweile die Vertretung der Bundesrepublik bei den Vereinten Nationen und das Generalkonsulat.

Wegen dieser Verbindung müsse die sonst bei Gerichtsverfahren in den USA geltende Immunität für ausländische Staaten aufgehoben werden, forderten die Kläger, traditionelle Vertreter der Herero und Nama. Sie wollten direkte Verhandlungen mit der Bundesregierung erzwingen. Die Berliner Regierungspolitiker waren allerdings nur dazu bereit, mit Vertretern des namibischen Staates zu sprechen. Die Klage gegen Deutschland wurde zwar 2019 abgewiesen, aber immerhin war es den Herero und Nama gelungen, Öffentlichkeit herzustellen und mehr Menschen über die einstigen Kolonialverbrechen aufzuklären.[87]

Eine wichtige Rolle hierbei spielte auch die historische Forschung. Was Geschichtswissenschaftler über den Völkermord ans Tageslicht gebracht hatten, war so erdrückend, dass die politische Führung in Berlin das Thema nicht weiter ignorieren konnte. Fast sechs Jahre lang verhandelten die Delegationen der Regierungen von Deutschland und Namibia miteinander, bis im Juni 2021 ein Ergebnis vorlag. In dem Abkommen verpflichtete sich die Bundesregierung unter anderem dazu, den Genozid anzuerkennen, sich zu entschuldigen und 1,1 Milliarden Euro in einem Zeitraum von 30 Jahren zu zahlen. Mit dem Geld sollen »Entwicklungsprojekte« in den Gebieten der Herero und Nama finanziert werden.

Für die Ratifizierung des Abkommens war die Zustimmung des namibischen Parlaments in der Hauptstadt Windhoek notwendig. Doch viele Abgeordnete waren alles andere als begeistert von dem Verhandlungsergebnis. Dafür gab es gute Gründe. Denn die Bundesregierung hatte sich mit ihrer Forderung durchgesetzt, dass die Massenmorde an den Herero und Nama lediglich in »heutiger Perspektive« als Völkermord gelten würden. Der Begriff der Reparationen wurde vermieden. Der Betrag, den die Deutschen bereit waren zu zahlen, entsprach ziemlich genau dem Umfang der »Entwicklungshilfezahlungen«, die seit 1989 ohnehin von der Bundesrepublik an Namibia geleistet wurden.[88] Es ist also ein Hohn, was den Namibiern angeboten wurde.

Zu Beginn des Jahres 2023 wurde bekannt, dass die Herero und Nama erneut vor Gericht ziehen wollen. In der Klageschrift, die sich gegen die Spitzen des namibischen Staates richtet, heißt es, dass die »gemeinsame Erklärung« Deutschlands und Namibias zu dem Völkermord rechtswidrig sei. Dabei verwiesen die Kläger auf eine Resolution des namibischen Parlaments von 2006. Demnach sollen die Nachfahren der Opfer mit Deutschland direkt verhandeln und Entschädigungen erhalten.[89]

Die Bundesregierungen hatten lange versucht, die Verbrechen im früheren Deutsch-Südwestafrika unter der Decke zu halten. Denn sie hatten noch mehr Leichen im Keller, über die möglichst nicht gesprochen werden sollte. Erinnert sei in diesem Zusammenhang an die Niederschlagung des antikolonialen sogenannten Boxeraufstands in China, der von 1899 bis 1901 andauerte. Am Kampf gegen die chinesischen Aufständischen waren auch Großbritannien, Frankreich, Russland, Österreich-Ungarn, Japan und die Vereinigten Staaten beteiligt. Es wurden Dörfer niedergebrannt, zahlreiche chinesische Zivilisten ermordet und nicht einmal Frauen und Kinder verschont.

Der deutsche Kaiser Wilhelm II. hatte in seiner sogenannten Hunnenrede bei der Verabschiedung des deutschen Ostasiatischen Expeditionskorps im Jahr 1900 in Bremerhaven dazu aufgerufen, unter den Chinesen keine Gefangenen zu machen, sondern diese zu töten. Die deutschen Soldaten sollten im Reich der Mitte wüten, wie es einst die Hunnen in Europa im 5. Jahrhundert getan hatten, so der Kaiser sinngemäß. Niemals wieder solle es ein Chinese wagen, »etwa einen Deutschen nur scheel anzusehen«. »Wer euch in die Hände fällt, sei euch verfallen«, rief der Kaiser seinen Soldaten zu. Der Befehl von Wilhelm II. wurde vollständig umgesetzt. Während der Kampfhandlungen wurden keine Gefangenenlager errichtet. Diese waren wegen der brutalen Kriegsführung der Deutschen nicht notwendig.[90]

Einige Jahre zuvor hatte das Kaiserreich in seiner Kolonie Kamerun stark vom Kautschukboom profitiert. Während deutsche Unternehmen Millionengewinne einfuhren, mussten 20.000 bis 30.000 Kameruner als Träger den aus den Kautschukpflanzen gewonnenen Stoff unter unmenschlichen Bedingungen an die Küsten des Atlantischen Ozeans transportieren. Die Zwangsarbeit führte zum Tod vieler Menschen. Ganze Landstriche verloren ihre Einwohner.[91]

Auch in anderen Bereichen, von denen in erster Linie die Deutschen profitierten, herrschten tödliche Arbeitsbedingungen. Im Jahr 1913 lag die jährliche Todesrate unter den Eisenbahnarbeitern in Kamerun bei 13, ein Jahr später bereits bei 16 Prozent. Während sie zu den Baustellen marschieren mussten, waren die Arbeiter oftmals aneinandergefesselt.[92]

Nur wenige Historiker, Fachjournalisten und politische Aktivisten, die sich für die deutsche Geschichte interessieren, thematisieren hierzulande die Gräueltaten, die etwa in Kamerun und China begangen wurden. Im damaligen Deutschen Kaiserreich interessierte sich außer den linken Sozialdemokraten kaum jemand für die Opfer. Das galt auch für die Zeit der Weimarer Republik. Vielmehr gab es einflussreiche rechte Kräfte, die die deutsche Kolonialzeit nach der deutschen Niederlage im Ersten Weltkrieg 1918 und dem damit verbundenen Verlust der Kolonien glorifizierten.

Dass die deutschen Regierungen lange nichts von dem Völkermord in Südwestafrika wissen wollten, hatte vor allem zwei Gründe, die eng miteinander zusammenhängen. Zum einen sollte vermieden werden, dass hohe Entschädigungszahlungen an die Nachkommen der Opfer in Namibia aus der deutschen Staatskasse fließen müssen. Außerdem fürchtete man aus deutscher Sicht lange, dass ein Präzedenzfall geschaffen werden könnte, der auch andere Länder animieren würde, Zahlungen von der Bundesrepublik für einst begangenes Unrecht zu verlangen. Eine Klagewelle könnte die Folge sein. Tansania hätte juristisch gesehen wohl ebenfalls ein Anrecht auf Reparationen, aber die Regierung in Dar es Salaam hält sich diesbezüglich mit Forderungen zurück.

Anders verhält es sich bei einigen Staaten, deren Bevölkerungen nicht während der Kolonialzeit um 1900, sondern nach den deutschen Überfällen im Zweiten Weltkrieg in Europa zu Opfern wurden. Die rechtskonservative PiS-Regierung in Polen forderte im Jahr 2022 auf der Basis eines Gutachtens, das sie selber in Auftrag gegeben hatte, 1,3 Billionen Euro Entschädigung von Deutschland. Die Regierung in Berlin weigerte sich jedoch, ernsthaft darüber zu verhandeln und meinte, das Thema sei juristisch abgeschlossen. Zwar hat einst die Volksrepublik Polen in den 1950er Jahren auf Reparationen verzichtet, aber aus Sicht der PiS-Partei war das Land in seinen Entscheidungen damals nicht vollständig souverän, sondern abhängig von der sowjetischen Führung.[93]

Die Bundesrepublik ignoriert auch die griechischen Forderungen, die seit den 2010er Jahren vermehrt erhoben werden. Die Regierung in Athen verlangt 278,7 Milliarden Euro als Schadensersatz für die während des Zweiten Weltkriegs zerstörte Infrastruktur im Land, wegen der Zwangsanleihe, die Griechenland den deutschen Besatzern gewähren musste, und für die Entschädigung von NS-Opfern. Die konkrete Höhe der Forderung wurde vom griechischen Vizefinanzminister Dimitris Mardas im April 2015 genannt.[94]

Mit diesen Forderungen wird ein Finger in die Wunde gelegt. Denn die Gräueltaten, für die der deutsche Staat in der ersten Hälfte des 20. Jahrhunderts verantwortlich war, umfassen mehr als den Völkermord an den europäischen Juden. Diesbezüglich trägt die Bundesrepublik weiterhin eine Verantwortung. Sie ist die Rechtsnachfolgerin sowohl des Kaiserreiches als auch des NS-Staates.[95]

In den vergangenen Jahrzehnten wurde vonseiten der Bundesrepublik, anderer westlicher Staaten, Gerichten oder auch der Vereinten Nationen öfter der Vorwurf eines Genozids erhoben. Dies geschieht in der Regel aber nur gegenüber Staaten oder Gruppen, die zumindest angespannte Beziehungen mit dem Westen haben oder von diesem als Feinde gesehen werden. Ein Beispiel hierfür ist das

Massaker von Srebrenica, das im Juli 1995 von bosnischen Serben an Tausenden Bosniaken verübt wurde. Der Internationale Strafgerichtshof für das ehemalige Jugoslawien in Den Haag bezeichnete das Verbrechen in mehreren Urteilen gegen die Täter als Völkermord.

Noch heute gehen die Deutungen der Tat auseinander, wenn man Serben, Bosniaken, Vertreter westlicher Staaten oder Russlands dazu befragt. Allerdings muss man feststellen, dass die Einstufung als Genozid auf der Basis einer juristischen Untersuchung erfolgte. Zwar gab es keinen eindeutigen Befehl, der darauf schließen lässt, dass die bosnischen Serben die muslimischen Bosnier vernichten wollten, aber allein die Tat, nämlich die massenhafte Ermordung, in diesem Fall von vor allem männlichen Personen, lässt den Schluss zu, dass es eine genozidale Absicht der Täter gab. Ähnlich kann man übrigens auch im Falle des Völkermords während des Maji-Maji-Krieges argumentieren. Auch in Ostafrika fehlte der eindeutige Vernichtungsbefehl. Trotzdem wurden Menschen massenhaft getötet oder wissentlich dem Hungertod überlassen. Die Opferzahlen im heutigen Tansania waren sowohl in den absoluten Zahlen als auch in der Relation zur Gesamtbevölkerung weitaus höher als etwa die in Srebrenica.[96]

Allerdings entscheiden nicht immer Gerichte darüber, was als Völkermord bezeichnet werden sollte und was nicht. In vielen Fällen nehmen die Parlamente das Thema in die Hand, obwohl den federführenden Abgeordneten nicht selten die notwendige Expertise fehlt. Dies konnte man etwa am 30. November 2022 im Bundestag beobachten. An diesem Tag meinte die Mehrheit des Parlaments, Geschichte schreiben zu können. Die Abgeordneten der Koalitionsparteien SPD, Grüne und FDP sowie die oppositionelle Union werteten den massenhaften Hungertod in der damaligen Ukrainischen Sowjetrepublik zu Beginn der 1930er Jahre in einer Resolution als Völkermord.

Dabei gab es stichhaltige Argumente gegen den Inhalt dieser Resolution. Der Linkspartei-Politiker Gregor Gysi verwies etwa darauf, dass auch in anderen Teilen der Sowjetunion Millionen Menschen an Hunger starben und sich das Vorgehen von Josef Stalin nicht explizit gegen die Ukrainer richtete, also hier kein Volk vernichtet werden sollte. Die Befürworter der Resolution ließen sich von diesen Ausführungen aber nicht beeinflussen. Sie wollten mit der Anerkennung der von den Ukrainern als Holodomor bezeichneten Hungersnot als Genozid auch ein Zeichen an die Regierung in Kiew senden.[97]

Die deutschen Unterstützer der Resolution folgten der ukrainischen Lesart, wonach Josef Stalin entschieden habe, die Ukrainer für ihren Widerstand gegen die Kollektivierung der Landwirtschaft zu bestrafen. Zudem sahen sie Parallelen in der Geschichte, wonach sich die Ukrainer immer wieder dem Willen Moskaus widersetzt hätten und darunter leiden müssten, zuletzt im Krieg zwischen den beiden Ländern seit dem russischen Angriff im Februar 2022. Die westlichen Staaten unterstützten Kiew also nicht nur durch Waffenlieferungen, sondern auch auf dem Feld der Geschichtspolitik.[98] Somit handelt es sich bei der Frage, welche Verbrechen in der Menschheitsgeschichte von nationalen Parlamenten als Völkermord gebrandmarkt werden, auch um politische Entscheidungen.

Der Völkermord an den Armeniern im Osmanischen Reich, der zwischen 1915 und 1916 begangen wurde, wird mehr als 100 Jahre später weiterhin kontrovers diskutiert. Die türkischen Nachfolgeregierungen rechtfertigten nachträglich das Vorgehen gegen die Armenier und behaupteten, es habe keinen Genozid gegeben. Dazu haben westliche Regierungen lange geschwiegen. Denn man wollte die Nato-Partner in Ankara nicht verärgern.

Das hat sich in der jüngeren Vergangenheit geändert. Staaten wie die Schweiz, Belgien und Frankreich haben die Leugnung dieser Taten inzwischen unter Strafe gestellt. Auch der Deutsche Bundestag hat sich dazu entsprechend positioniert. Die Kehrtwende in vielen Staaten mag auch damit zu tun haben, dass sich ihre Beziehungen zur Türkei unter Präsident Recep Tayyip Erdoğan deutlich verschlechtert haben. In vielen europäischen Hauptstädten besteht die Hoffnung, es eines Tages mit einem etwas weniger schwierigen Partner in Ankara zu tun zu haben als mit dem autoritären Präsidenten. Wer den Völkermord in der Türkei anerkennt, der sagt nicht nur objektiv die historische Wahrheit, sondern bekommt auch das Etikett »prowestlich« angeheftet. Erdoğan gehört nicht dazu.

Auffällig ist, dass die Westeuropäer über ihre eigenen historischen Verbrechen lieber den Mantel des Schweigens legen, so lange das möglich ist. Sie haben während der Kolonialzeit weite Teile Afrikas, Asiens, Amerikas und Ozeaniens sowie deren Bewohner gewaltsam ausgebeutet und massenhaft ermordet. Die Bundesregierung kann sich in Sicherheit wiegen. Niemals würde ein belgisches, französisches oder britisches Parlament auf die Idee kommen, die deutschen Kolonialverbrechen in einer Resolution zu brandmarken. Dabei sind die Folgen von Mord, Raub und Zerstörung in einigen betroffenen Gebieten auch viele Jahrzehnte später noch immer sichtbar.

2.3. Die langfristigen Folgen von Krieg und Kolonialzeit in Tansania

Über der »verbrannten Erde«, welche die Kolonialtruppen nach dem Maji-Maji-Krieg hinterlassen hatten, hat sich oftmals die Natur ausgebreitet. Teile von Tansania sind sehr grün. Die große Regenzeit zwischen März und Mai sowie die kleine Regenzeit zwischen Oktober und Dezember tragen dazu bei. Das gilt auch für die Gegend zwischen Dar es Salaam und der Stadt Morogoro, die im Landesinneren liegt. Eine mehr als 200 Kilometer lange Straße verbindet die beiden Städte miteinander. Kolonnen von Lastwagen schleichen in beiden Richtungen. Sie bringen Waren zum Hafen nach Dar es Salaam oder sind auf dem Rückweg von der Küste des Indischen Ozeans. Nur den Motorradfahrern gelingt es, mühelos an den Lastwagen vorbeizufahren. Wer mit einem Pkw unterwegs ist, der muss schnell überholen und eine Lücke in der Mauer aus Blech suchen, wenn der Gegenverkehr naht.

Menschen arbeiten am Rand der Straße auf Baustellen, bestellen die Felder oder hüten ihre Rinder und Ziegen. Die Grünflächen werden mit Mais und Kürbissen bepflanzt, die dort direkt verkauft werden. Auffällige Gebäude sind die Kirchen, Moscheen und Schulen. Von bescheidenerem Reichtum zeugen ein paar Wohnhäuser, deren Besitzer sich ein Spitzdach leisten können. Wer ärmer ist, besitzt nur ein flaches Wellblechdach, das in der Regenzeit schnell rosten kann.

Die Straße führt über mehrere Brücken, eine überspannt die Tanganjikabahn. Es ist eine schmale Bahnlinie, die das Land durchzieht. Sie wurde einst vom Deutschen Reich gebaut. Baubeginn war 1905 in Dar es Salaam. Zwei Jahre später war der Streckenabschnitt nach Morogoro fertiggestellt. Die Trasse wurde zunächst »Mittellandbahn« genannt. Inzwischen ist sie in die Jahre gekommen und die Tansanier modernisieren ihr Schienennetz und die Bahn mithilfe von Investoren aus der Türkei, China und Portugal.

Kurz vor der Stadt Morogoro erstreckt sich ein Gebirge, dessen Spitzen im Nebel der Wolken liegen. Es sind die Uluguru-Berge. Der Fuß der Berge ist dünn besiedelt. Rechts und links der Straße wird Sisal angepflanzt. Sisal hatte auch zu Kolonialzeiten eine große Bedeutung, um es zu exportieren. Noch heute sind die Fasern begehrt, um sie beispielsweise zu Teppichböden zu verarbeiten. Während der Ujamaa-Politik des Präsidenten Julius Nyerere seit 1967 wurde die Produktion verstaatlicht, seit den 1990er Jahren fand eine schrittweise Privatisierung statt.

In Tansania gibt es eine große Binnenmigration. Viele Menschen sind nach Dar es Salaam eingewandert, um in der Metropole einen Job zu finden. Andere suchen eine Arbeitsstelle im Umfeld der Nationalparks. Auch aus dem Ausland sind Menschen nach Tansania gezogen, aus dem Kongo, Burundi oder Mosambik, wo Kriege oder noch größere Armut herrschen. Wenn sie in Tansania zur Schule gegangen sind, haben sie etwas über den Maji-Maji-Krieg gelernt, aber die genaue Geschichte der Region zwischen Dar es Salaam und Morogoro in den vergangenen 120 Jahren kennen sie als Zugezogene aus dem In- und Ausland oft nicht.

Von den Vidunda, die sich stark am Maji-Maji-Krieg beteiligt hatten und in dieser Gegend besonders unter den Folgen der deutschen Vernichtungspolitik leiden mussten, habe er nie etwas gehört, sagt ein junger Mann aus Arusha im Nordosten, der in der Region Morogoro arbeitet. Sein Kollege kann hingegen Auskunft geben. Er zeigt auf die Berge am Rande des Mikumi-Nationalparks, der zwischen den Anhöhen in einem Kessel liegt. »Dort leben die Vidunda«, sagt er. Einige von ihnen würden noch alten Ritualen und Gebeten nachgehen und beispielsweise regelmäßig Kontakt zu ihren Ahnen aufnehmen, um sie um Rat zu fragen. Offiziell sollen allerdings 90 Prozent der Vidunda einer christlichen Kirche angehören. Davon geht jedenfalls ein Projekt der evangelikalen Pfingstbewegung aus, das indigene Gruppen weltweit missionieren will.[99] Viele Vidunda sind Bauern, die Bananen und Gemüse, wie zum Beispiel Mais und Bohnen, anbauen. Die Vidunda haben ihre Heimat in den Udzungwa-Bergen. Auch hier befindet sich ein Nationalpark, in dem die Besucher nicht nur die Tierwelt, sondern auch Wasserfälle und Höhlen bewundern.

In diesen Höhlen haben sich die Vidunda einst während des Maji-Maji-Krieges vor den Kolonialtruppen versteckt. Der deutsche Sozialwissenschaftler Heiko Wegmann vergleicht in seinem 2019 erschienenen Buch über den deutschen Kolonialoffizier in Ostafrika und späteren SS-Mann Max Knecht das Schicksal der Vidunda mit dem der Nama im heutigen Namibia, an denen ebenfalls ein Völkermord verübt wurde. Im Jahr 2023 leben nach Schätzungen mehrere zehntausend Angehörige der Vidunda in Tansania.

Südlich vom Mikumi-Nationalpark fließt der Ruaha-Fluss. Ein Hongo, also ein Bote der Maji-Maji-Bewegung, aus dem Süden soll diesen Fluss einst überschritten haben, um in der Region Morogoro den Maji-Maji-Krieg gegen die Deutschen zu organisieren. Der Hongo und seine Unterstützer warnten die Einwohner davor, dass die Kolonialmacht in der Gegend viele Europäer ansiedeln würde. Den Afrikanern würden dann noch höhere Steuerlasten sowie eine Zunahme von Arbeitszwang und Prügelstrafen drohen.[100]

Völlig von der Hand zu weisen waren diese Befürchtungen nicht. Zunächst sah es allerdings so aus, als hätten die Deutschen kein besonders großes Interesse an einer Besiedlung dieses Teils der Kolonie. Im Bezirk Morogoro lebten zu Beginn des 20. Jahrhunderts neben der afrikanischen Bevölkerung lediglich 67 Europäer, die Angestellte des Gouvernements, Missionare oder Siedler waren. Hinzu kamen 44 Polizeiaskaris sowie ein paar indische und arabische Händler.

Es gab von deutscher Seite in dieser Zeit zumindest Überlegungen, mehr weiße Siedler in das Umland von Morogoro zu locken. Dafür wurden Boden-, Wasser- und Anbauverhältnisse geprüft. Wenn diese Pläne umgesetzt worden wären, hätte dies die Verdrängung der einheimischen Bevölkerung bedeutet. Allerdings fehlte es in der Gegend noch an der notwendigen Infrastruktur, damit sie für mehr Siedler attraktiv werden konnte.

Es dauerte nicht lange, bis sich der im Jahr 1905 weiter südlich ausgebrochene Maji-Maji-Krieg, vermutlich vor allem durch die Botschaft des Hongos, auf die Region Morogoro ausweitete. Bei Kämpfen in der Nähe einer deutschen Festung in Kilosa – diese Anlagen wurden in der Kolonie als »Boma« bezeichnet – sollen zahlreiche Maji-Maji-Krieger dem Feuer der Maschinengewehre zum Opfer gefallen sein. Die Askaris nahmen die Verfolgung auf und folterten Frauen, von denen vermutet wurde, dass sie mit den Befreiungskämpfern zusammenlebten oder diese unterstützten. Viele Krieger wurden gehängt.

Heiko Wegmann hält es für möglich, dass sich das Kriegsgebiet weiter in Richtung Norden und Nordwesten ausgebreitet hätte, wenn Kilosa gefallen wäre und die Maji-Maji-Krieger dort Erfolg gehabt hätten. Dann hätten sich womöglich auch die Chagga und Massai, die vor allem im Norden beheimatet sind, an dem Krieg beteiligt. Das hätte die Kolonialtruppen vor große Probleme gestellt.

Nach den militärischen Niederlagen zogen sich die Maji-Maji-Krieger, zum Teil mit Frauen und Kindern, in die Vidunda-Berglandschaften am Ruaha-Fluss zurück. Hier gibt es viele Schluchten und Verstecke. Die Kolonialtruppen patrouillierten dort und hungerten die Bevölkerung aus. Bei den Höhlenkämpfen wurden Frauen und Kinder von den Kolonialtruppen als Geiseln genommen. Um den Widerstand in der Region endgültig zu brechen, wurde ab Anfang 1906 die Strategie der »verbrannten Erde« umgesetzt. Es kam oft vor, dass die Kolonialtruppen keine Gefangenen machten, sondern wehrlose Männer sofort erschossen. Waffen wurden konfisziert, Steuern eingetrieben, Zwangsumsiedlungen durchgeführt und mutmaßliche Anführer standrechtlich hingerichtet. Allein 200 Vidunda sollen nach diesen Prozessen erhängt worden sein. Noch Jahrzehnte später bezeichneten Tansanier diese Hinrichtungsstätte als »Ort der Ermordung«. Menschliche Knochen wurden hier erst im Jahr 2005 beerdigt und Bäume zur Erinnerung gepflanzt.[101]

Die Deutschen ließen die Felder der Bauern zerstören, um »dem Eingeborenen an seinem eigenen Leibe die Nachteile seines Aufstands spüren zu lassen«, wie der deutsche Offizier Max Knecht schrieb. Einige Deutsche bekamen den Mangel an Lebensmitteln ebenfalls zu spüren, wenn auch nicht in dem Ausmaß wie die Afrikaner. Im Frühjahr 1906 wies Max Knecht an, dass die Verpflegungsration für seine Soldaten auf die Hälfte reduziert werden musste, weil nicht genügend Vorräte vorhanden waren. Die Bevölkerung war selber auf Nahrungssuche und sah »furchtbar verhungert aus«, wie Knecht bemerkte. Er selbst war stolz auf sein Wirken. Schließlich habe er als deutscher Offizier »aus einem Stück Wildnis« eine Stätte gemacht, »die den Anspruch auf Gemütlichkeit selbst in Afrika machen kann«. Max Knecht bezog sich dabei unter anderem auf den Wegebau, der allerdings vor allem durch Zwangsarbeit vorangekommen war.

Die Geschichte des Maji-Maji-Krieges in dieser Gegend ist aber nicht nur eine der deutschen Täter und der afrikanischen Opfer, sondern auch von lokalen Helden, die selbst in scheinbar ausweglosen Situationen die Widerstandsaktionen weiterführten. Einer von ihnen war Mbande aus dem Ort Ulaya, der Menschen, die Zwangsarbeit leisten mussten, dazu ermutigte, diese zu verweigern und die Flucht zu ergreifen.

Alle mutmaßlichen Kriegsteilnehmer waren neben den Steuerlasten zu einer mindestens dreimonatigen Zwangsarbeit herangezogen worden. Geldmittel zu besorgen, war für die Menschen ohnehin nicht einfach. In einem vom Krieg verwüsteten Bezirk kamen noch weitere Probleme hinzu. Es gibt viele Quellen, welche die Gleichgültigkeit der deutschen Kolonialverwaltung gegenüber der grassierenden Hungersnot nach dem Maji-Maji-Krieg belegen. Davon zeugen auch die Aufzeichnungen von Max Knecht: Er schrieb, dass der »Neger arbeitsscheu« sei und »lieber Hungerstod sterbe«, als Geld zu verdienen. Somit schob er den Opfern selber die Schuld für ihr Schicksal zu. Die Deutschen meldeten schließlich im Juli 1906, dass der Bezirk Morogoro »befriedet« sei.[102]

Die Afrikaner waren von den Deutschen entwaffnet worden. Somit fehlten ihnen auch Werkzeuge für den Hausbau und die Landwirtschaft. Sie hatten außerdem keine Möglichkeit mehr, sich effektiv gegen wilde Tiere zu wehren. Löwen, die sich etwa in der Nähe des heutigen Mikumi-Nationalparks in der Landschaft Ulaya ausbreiteten, fielen auch deswegen ab Mitte 1906 zunehmend Menschen an, weil der Wildbestand infolge des Maji-Maji-Krieges stark reduziert worden war.[103]

Ohne die entsprechenden Werkzeuge wurde es immer schwieriger, die zahlreichen Toten zu beerdigen. Das begünstigte die Ausbreitung von Epidemien. Der tansanische Historiker Gilbert Gwassa geht davon aus, dass diese Seuchen und Hungersnöte zu mehr Toten führten als die verlustreichen Kämpfe der Maji-Maji-Krieger gegen die Kolonialmacht und die Massaker an der Zivilbevölkerung und mutmaßlichen Unabhängigkeitskämpfern sowie deren Unterstützern, für die die Deutschen und ihre afrikanischen Söldner verantwortlich waren.[104]

Bereits kurz nach dem Krieg war auch jenen Deutschen, die Interesse an der wirtschaftlichen Ausbeutung der Kolonie hatten, bewusst, welchen langfristigen Schaden sie angerichtet hatten. Gouverneur Graf von Götzen schrieb, dass die »Verminderung der Bevölkerungsziffer« im Bezirk Mahenge in der Nähe von Morogoro einen »Schaden bedeutete, der die wirtschaftliche Leistungsfähigkeit des an sich schwach bevölkerten Landes auf Jahre hinaus wesentlich herabsetzen musste«. Von Götzen gab an, dass die Afrikaner in diesem Bezirk etwa 2000 Männer in den Kämpfen verloren haben. Diese Ziffer dürfte nur einen »kleinen Bruchteil des Gesamtverlustes darstellen«, der sich durch Hunger und Krankheiten erklären ließ.[105]

Wo die Menschen fliehen mussten oder infolge der Hungersnot und Gewalt starben, hat sich die Natur ausgebreitet, darunter auch viele wilde Tiere. Der deutsche Offizier Max Knecht schrieb bereits kurz nach dem Maji-Maji-Krieg von einer »Löwenplage«. Im 21. Jahrhundert sind die großen Wildkatzen zu einer Attraktion für Touristen geworden, die den Mikumi-Nationalpark oder eines der Reservate in der Nähe besuchen. Diese beherbergen auch unter anderem Giraffen, Elefanten, Nilpferde, Büffel und Zebras.

In den Nationalparks wachsen Bäume und Pflanzen, die nur in diesem Klima gedeihen. Dazu zählen die gigantischen Affenbrotbäume, auch Baobab genannt. Das Holz dieser Bäume kann nicht zum Bauen verwendet werden. Es ist zu porös. Die Krieger und Jäger haben sich früher oft dort versteckt, indem sie den Baum ausgehöhlt haben. Noch heute sieht man diese Aushöhlungen, die sehr breit und meterhoch sind. Die Äste des Baums sehen aus wie Wurzeln, die in den Himmel ragen. Die Legende, die Menschen sich in der Region erzählen, besagt, dass der Teufel nicht genau wusste, was er mit dem Baobab machen sollte und ihn sich über die Schulter warf, ohne auf die Folgen zu achten. Deswegen wirkt die Form des Baumes so, als seien seine Wurzeln oben und die Krone unten. Er hat einen so großen Eindruck auf die Menschen in den umliegenden Dörfern gemacht, dass er für sie ein Heiligtum ist. Lange Zeit wurde er als Gebetsort genutzt. Im Mikumi-Nationalpark ist das nicht mehr möglich. Hier ist der Baum nur noch eine Touristenattraktion.

Tansania ist bekannt für seine Nationalparks. Es sind insgesamt 22. Am bekanntesten dürften für viele Menschen in Europa der Serengeti-Nationalpark im Norden von Tansania und das Gebiet um den Kilimandscharo sein. Berühmt wurde auch der Gombe-Stream-

Nationalpark im Westen des Landes, wo die britische Verhaltensforscherin Jane Goodall in den 1960er Jahren begann, sich mit den Schimpansen zu befassen. Ab 1973 war Goodall Gastprofessorin an der Universität von Dar es Salaam.

Diese Parks leisten nicht nur einen Beitrag zum Schutz von Tier- und Pflanzenarten. Ihre Vergangenheit ist zuweilen auch eng mit der Kolonialzeit verknüpft. Ein wichtiges Beispiel hierfür war das Wildreservat Selous, das südlich an den Mikumi-Nationalpark angrenzte. Dieses Reservat war das größte seiner Art auf dem afrikanischen Kontinent. Auf Englisch hieß es »Selous Game Reserve«. Das Reservat wurde nach dem britischen Großwildjäger Frederick Selous benannt. Er starb bei den Kämpfen mit der »Schutztruppe« des Deutschen Kaiserreichs während des Ersten Weltkriegs im Jahr 1917 in dem heutigen Wildschutzgebiet. Das Grab des britischen Offiziers kann dort noch immer besichtigt werden.

»Selous Game Reserve« umfasste rund 50.000 Quadratkilometer und damit etwa fünf Prozent des gesamten Staatsgebietes von Tansania. Seit 1982 zählte das Wildreservat zum UNESCO-Weltnaturerbe. Reiseunternehmen werben mit Safaris. In den Nationalparks werden alle Klischees bedient, die viele Touristen vom afrikanischen Kontinent im Kopf haben. Besucher bewundern die Tier- und Pflanzenvielfalt. In einem Teil des Reservats Selous wächst der dichte Miombo Trockenwald, der von Juni bis September ein breites Farbspektrum bietet. Wenn Europäer diese Gebiete besuchen, locken sie oft romantisierende Begriffe wie »Ursprünglichkeit« und »unberührte Natur«. Und so manche Besucher dürften sich in die Kolonialzeit zurückversetzt fühlen, in der ihre Vorfahren die Herrscher über weite Teile von Afrika waren und die Einheimischen dazu zwangen, ihnen Dienste zu leisten. Noch im 21. Jahrhundert sieht man hier ältere Leute, die mit ihrer hellen Kleidung, ihren Hüten und Ferngläsern den einstigen Kolonialisten zum Verwechseln ähnlich sehen.

Das Reservat Selous ist ebenso wie der nördlich von diesem Gebiet gelegene Mikumi-Nationalpark in Wahrheit nicht schon seit ewigen Zeiten unbewohnt gewesen. Zahlreiche Menschen, die hier einst lebten, fielen den Kolonialkriegen und dem Mordwahn der Europäer und ihrer Truppen zum Opfer. Die Region war auch ein Zentrum des Maji-Maji-Krieges. Alle Quellen weisen darauf hin, dass das Gebiet Ende des 19. Jahrhunderts dünn besiedelt war.

1896 ließ der deutsche Kolonialgouverneur Hermann von Wissmann ein erstes kleines Wildreservat in der Region einrichten, damit sich der Wildtierbestand erholen konnte. Bereits damals trieben Wilderer ihr Unwesen. Von Wissmann stellte im selben Jahr jegliche Jagdtätigkeit unter Lizenzpflicht. Das bedeutete für die Afrikaner unverhältnismäßig hohe Zahlungsanforderungen. Die Jagd sollte das Privileg von zahlungskräftigen Weißen sein.

Wer mit traditionellen Waffen für die Selbstversorgung jagen wollte, dem war das zunächst noch erlaubt. Allerdings wurde dies durch eine neue Jagdschutzverordnung aus dem Jahr 1903 weiter erschwert beziehungsweise unmöglich gemacht. Die neue Verordnung sah nämlich unter anderem ein Verbot der Netzjagd vor.[106]

Eine Legende, die von Touristenführern in Tansania erzählt wird, besagt, dass der deutsche Kaiser Wilhelm II. das erste Wildtierschutzgebiet in der Kolonie zu Beginn des 20. Jahrhunderts seiner Frau zum Geschenk gemacht hat. Auf Kiswahili sprechen Einheimische noch vom »Shamba la bibi«. Auf Deutsch bedeutet das: »Feld der Dame.«[107]

Dafür gibt es zwar keine Belege, aber sicher ist, dass die Kolonialverwaltung Sympathien für die Ausweitung von »Nationalparks« hatte. Die Massenmorde durch die Kolonialtruppen in der Region kamen diesen Vorhaben durchaus entgegen. Nach dem Maji-Maji-Krieg wurden die Pläne für ein größeres Reservat von den Deutschen weiter vorangetrieben. Zuvor war ein Großteil der Bevölkerung in den Kriegsjahren zwischen 1905 und 1907 vernichtet und die traditionelle Infrastruktur sowie Lebensgrundlagen zerstört worden. Wildtiere breiteten sich in dem Gebiet aus. Das schaffte auch sehr gute Bedingungen für die Tse-Tse-Fliege. Wildtiere sind ein geeigneter Nistplatz für dieses Insekt.[108]

Durch einen Stich der Tse-Tse-Fliege wird die Schlafkrankheit übertragen, die lebensbedrohlich für Menschen ist. Für die Wildtiere stellen die Fliegen hingegen keine Gefahr dar. Sie sind Zwischenwirte des Erregers der Schlafkrankheit. Diese betrifft vor allem das Lymph- und Nervensystem. Unbehandelt verläuft die Krankheit tödlich. In den westlichen Medienberichten der 2010er und 2020er Jahre taucht die Schlafkrankheit in der Regel nur auf, wenn ein weißer Safari-Tourist davon betroffen ist. Mit welchen Grausamkeiten die angebliche Bekämpfung dieser Krankheit in Afrika einherging und welche Rolle der deutsche Mediziner und Forscher Robert Koch dabei spielte, habe ich bereits beleuchtet.

Dem Teil der afrikanischen Bevölkerung, der den Maji-Maji-Krieg überlebt hatte, wurde in der Region, wo später das Wildreservat Selous entstand, von den Deutschen die landwirtschaftliche Betätigung und die Jagd grundsätzlich verboten. Diese Menschen hatten somit keine Lebensgrundlage mehr und kamen entweder durch Hunger beziehungsweise Krankheiten ums Leben oder sie mussten eine Wanderschaft auf sich nehmen, um eine neue Heimat in der Kolonie zu finden. Die Kolonialmacht weitete das Reservat im Jahr 1907 aus. Unter britischer Herrschaft wurden dann in der Zeit nach Ende des Ersten Weltkriegs 1918 weitere Vergrößerungen vorgenommen.[109] Die Briten schützten im Südosten von Tansania ab 1920 das Großwild, das sich ausbreitete und Felder zerstörte. 1948 wurde die verbliebene afrikanische Bevölkerung »ausgesiedelt«, also vertrieben. Die heutigen Besucher aus dem Ausland wissen in der Regel nichts davon, dass die Gründung und Ausweitung des Wildreservats nur durch die verbrecherische Kolonialpolitik möglich war.

Neben den Europäern besuchen im 21. Jahrhundert auch Asiaten und Nordamerikaner die tansanischen Nationalparks. Afrikanische Gäste sind hingegen eine Seltenheit. Außerdem kommen sie in der Regel nicht aus Tansania. Für die Regierung des Landes sind die Nationalparks eine wichtige Einnahmequelle. Die Tansanier sind außerdem bemüht, diese Gebiete zumindest symbolisch von ihrem kolonialen Erbe zu befreien. Am Eingang des Mikumi-Nationalparks ist Anfang 2023 ein großes Plakat angebracht, auf dem die tansanische Präsidentin Samia Suluhu Hassan zu sehen ist. Unter dem Bildnis der Frau wird auf Kiswahili an den 61. Jahrestag der Unabhängigkeit erinnert, die Tanganjika am 9. Dezember 1961 erlangte. Zu diesem Anlass gibt es alljährlich große Feierlichkeiten in dem Land.

Im Jahr 2019 wurde der nördliche Teil des Selous Reservats umbenannt. Seitdem trägt es den Namen des ersten tansanischen Präsidenten Julius Nyerere. Dieses Gebiet hat den Vorgänger Selous als größten Nationalpark in Tansania abgelöst und erinnert durch den Namenswechsel nun nicht mehr an die britische Kolonialzeit. Außerdem ließ der damalige Präsident John Magufuli den Park in zwei Teile aufspalten, weil er in einem Teil des Gebiets den Bau eines Wasserkraftwerks vorantreiben wollte, was unter anderem von Umweltorganisationen wegen der Folgen für Natur und Anwohner kritisiert wurde.[110]

Lizenzierte Wildjäger dürfen innerhalb eines Teils des Nationalparks gegen eine Abschussgebühr und innerhalb festgelegter Abschussquoten Großwild jagen. Ausnahmen sind die Giraffen. Denn sie sind ein wichtiges Nationalsymbol in Tansania. Das Müllproblem des Landes soll durch hohe Strafzahlungen für diejenigen, die den Müll in der Nähe der Nationalparks entsorgen, von den Augen der Touristen ferngehalten werden. In anderen Teilen von Tansania leiden die Menschen hingegen nach wie vor unter den großen Mengen nicht entsorgten Abfalls und der damit einhergehenden Zerstörung ihrer Umwelt. Auch westliche Konzerne sind hierfür mitverantwortlich. Im Globalen Norden werden zahlreiche sogenannte Altkleider gespendet und in Länder des Globalen Südens wie Tansania exportiert. Weil sie oft beschädigt oder verschmutzt sind, landen sie dort sofort auf dem Müll. Somit gelangt auch viel Plastikmüll in die Länder. Denn ein großer Teil besteht aus synthetischen Materialien wie Polyester.

Wer auf der Straße, die zu den Nationalparks Mikumi und Julius Nyerere führt, an Morogoro vorbeifährt und die südliche Abzweigung nimmt, der kommt in einen Wald. Immer mehr Menschen, die am Straßenrand zu Fuß unterwegs sind, tragen im Unterschied zu ihren Landsleuten, die oft Jeans, Stoffhosen und Hemden bevorzugen, traditionelle afrikanische Gewänder. Die Männer haben sich Tücher umgebunden, die zumeist ein schwarz-rotes Muster haben und tragen einen Stock in der Hand, entweder aus Tradition oder um ihre Viehherde unter Kontrolle zu halten. Sie gehören zu den Massai. In den nahe gelegenen Nationalparks dürfen sie sich nicht ansiedeln. Das gilt auch für alle anderen Bürger Tansanias. Die Rinderherden der Massai würden den anderen Tieren das Gras wegfressen, behaupten die Ranger in den Nationalparks und geben damit die Meinung der tansanischen Regierung wieder. »Ich habe nichts gegen die Massai«, sagt ein Angestellter des Parks. Immerhin kämen auch Touristen hierher, um diese Menschen zu sehen. Er lacht.

Die Geschichte der Vertreibungen von Menschen in Tansania zugunsten der Ausweitung von Nationalparks ist noch lange nicht vorbei. Im 21. Jahrhundert werden diese vor allem durchgeführt, um neue Gebiete für den Safaritourismus zu erschließen und dadurch zahlungskräftige Touristen ins Land zu locken. Im Sommer 2022 berichtete die Menschenrechtsorganisation Amnesty International, dass die Gefahr bestehe, dass etwa 70.000 Massai von ihrem Weideland vertrieben werden. Sicherheitskräfte seien in einen Ort in der nördlichen Region Arusha gekommen, um die Beschlagnahmungspläne der Behörden vorzubereiten. Daraufhin sei es zu gewaltsamen Auseinandersetzungen mit protestierenden Anwohnern gekommen und die Behörden mussten ihre Aktion abbrechen.[111]

Die tansanische Regierung erklärte, dass es ihr um den Natur- und Artenschutz gehe. Die wilden Tiere, die im an das Gebiet angrenzenden Serengeti-Nationalpark beheimatet sind, seien durch die Rinderherden der Massai beeinträchtigt und bekämen nicht ausreichend Wasser. Die Massai verwiesen hingegen auf einen Pachtvertrag mit den Vereinigten Arabischen Emiraten, der Jagdgebiete für Safaris ausweist, und beschuldigen den tansanischen Staat, als Handlanger für die Emirate zu fungieren. Der Konflikt zwischen der Regierung und den Massai ist noch nicht entschieden. Er ist ein Beispiel für postkoloniale Einflussnahme in dem Land durch zahlungskräftige Investoren aus den Emiraten, die von der tansanischen Regierung in Kauf genommen wird und die zu neuen Menschenrechtsverletzungen führt.[112]

Nicht nur einige Nationalparks in Tansania sind eng mit der deutschen und später der britischen Kolonialgeschichte verknüpft. Auch in weiteren Regionen im Süden der Kolonie litten die Menschen noch lange Zeit an den Folgen des Maji-Maji-Krieges, der 1908 endgültig beendet war. Im Jahr 1910 endete die Hungersnot und nicht wenige Afrikaner in der Region beschuldigten die Maji-Maji-Kämpfer, Schuld an dem Elend zu sein. Die Unabhängigkeitsbewegung war in ihren Augen diskreditiert. Denn sie hatte einen aussichtslosen Kampf gegen einen übermächtigen Gegner geführt, der ihr militärtechnisch voraus war und für den Nachschub seiner Soldaten sorgen konnte.

Bereits zu Kriegsbeginn war die Maji-Maji-Bewegung nicht überall auf Zustimmung gestoßen. Oftmals werden die Menschen vorausgesehen haben, welche schrecklichen Folgen drohen, wenn sie in den Krieg ziehen. Sie hatten Angst vor einem qualvollen Tod. Die Maji-Maji-Kämpfer mussten zum Teil rekrutiert werden. Vereinzelt gibt es Berichte darüber, dass Dörfer niedergebrannt wurden, wenn sich die Bewohner nicht der Bewegung anschließen wollten.

Nach dem Krieg hatten die Deutschen ihr Ziel erreicht. Weil sie Angst und Schrecken verbreiteten, war eine erneute große Erhebung in der Bevölkerung für die nächste Zeit praktisch ausgeschlossen. Die Überlebenden waren vielmehr erleichtert, dass sie den Krieg und die Hungersnot überstanden hatten. Erneute sogenannte Strafexpeditionen der Deutschen wollten sie auf keinen Fall wieder erleben.[113]

Während Morogoro unter anderem von der Infrastruktur, der Anbindung nach Dar es Salaam und einigen Hochschulen profitiert, die hier gegründet wurden, befinden sich im äußersten Süden von Tansania die ärmsten Regionen des Landes. Darauf wiesen zu Beginn des 21. Jahrhunderts unter anderem die hohe Kindersterblichkeit, das niedrige Pro-Kopf-Einkommen und die geringe Lebenserwartung hin.

Der Zugang zu sauberem Wasser und zum Gesundheitswesen ist mühsam oder schlicht nicht möglich. Insgesamt können sich in den ländlichen Regionen Tansanias nur etwa 44 Prozent der Menschen mit sauberem Wasser versorgen. Schulbesuche werden in diesen weiträumigen Gegenden erschwert, weil es nur wenige Bildungseinrichtungen gibt. Die Probleme werden durch die geringe und ungleichmäßige Bevölkerungsdichte sowie das Fehlen effizienter Verkehrswege verstärkt. Handel und gesundheitliche Betreuung sind dadurch eingeschränkt.

Frühere Kriegsgebiete im Süden liegen heute weit zurück bei einigen Entwicklungsindikatoren, nicht nur im internationalen Vergleich, sondern auch innerhalb von Tansania. Die Historikerin Felicitas Becker bezeichnete den Distrikt Liwale, der einst besonders vom Maji-Maji-Krieg betroffen war, als »Brennpunkt der Unterentwicklung Südtansanias«. Die Probleme hätten auch »mit den vielfältigen Nachwehen des Maji-Maji-Krieges zu tun«. Die Region litt auch unter den deutsch-britischen Kämpfen im Ersten Weltkrieg und wurde später unter britischer Herrschaft weitgehend aufgegeben. Große Teile des Distrikts wurden zum Selous Wildreservat erklärt, der sich im nördlichen und westlichen Teil von Liwale befindet, und es gibt eine Pufferzone zu diesem Reservat. Die Menschen, die im restlichen Teil des Distrikts leben, leiden zumeist unter großer Armut. Trotz aller Bemühungen der tansanischen Regierungen nach der Unabhängigkeit in den 1960er Jahren, wenigstens allen Kindern eine Grundschulbildung zu ermöglichen, ist dieses Ziel noch lange nicht erreicht.[114]

3.
»Wiedergutmachung« oder Neokolonialismus?

3.1.
Entwicklungshilfe von Ost und West

Die historische Aufarbeitung der Kolonialverbrechen in Ostafrika hat nicht in Deutschland, sondern in Tansania und seinem Vorgängerstaat Tanganjika begonnen. Nach der Unabhängigkeit Tanganjikas von der britischen Kolonialherrschaft im Jahr 1961 wurden Forschungsprojekte in dem Land zum Maji-Maji-Krieg ins Leben gerufen. Hervorzuheben ist die wissenschaftliche Untersuchung der Universität Dar es Salaam im Jahr 1968. In ländlichen Gebieten des Südens wurden alte Menschen nach ihren Erfahrungen während des Krieges befragt. Geschichtsstudenten führten die Interviews in ihren Herkunftsregionen. Sie ließen afrikanische Opfer, Kämpfer und ihre Nachfahren zu Wort kommen, anstelle der europäischen Täter und der Organisatoren des Massenmords in Ostafrika. Die Befragten berichteten von der Unterdrückung, der Gewalt und dem Hunger, die sie erleiden mussten. Diese Interviews sind noch heute wichtige Quellen, um das damalige Geschehen rekonstruieren zu können.

Die Forschungsprojekte an der Universität Dar es Salaam zum Maji-Maji-Krieg spiegeln das nationale Selbstbewusstsein wider. Diese Forschung bedeutete auch, dass die Geschichte nicht mehr nur von den Kolonialmächten geschrieben wurde. Das Deutsche Kaiserreich konnte zuvor die Deutungshoheit über die historischen Ereignisse allein für sich beanspruchen. Sie basierte auf Behauptungen, die etwa der Gouverneur Adolf von Götzen aufstellte, wonach die traditionellen Dorfoberhäupter aus Verärgerung über ihre Entmachtung durch die Deutschen die »Zauberer« und Medizinmänner mobilisiert und sie dazu benutzt hätten, die Afrikaner mit abergläubischen Praktiken gegen die Kolonialregierung aufzuwiegeln.[115] In den Schriften europäischer Kolonialisten war von »Negern« die Rede, die grundsätzlich als »verschlagen«, »gewalttätig« oder »leicht beeinflussbar« tituliert wurden.

Die tansanischen Historiker kämpften nicht nur gegen diese einseitigen oder falschen Darstellungen, sondern auch um Begrifflichkeiten. Das müssen sie auch im 21. Jahrhundert noch tun. Viele Geschichtswissenschaftler wie Oswald Masebo weisen darauf hin, dass es sich nicht um einen »Aufstand« der Maji-Maji-Kämpfer gehandelt habe. Denn dieser Begriff lege nahe, dass es eine Form legitimer Herrschaft gegeben habe, die von den Kolonialisten in Ostafrika ausgeübt worden sei. Trotzdem liest man in vielen deutschen Publikationen weiterhin von einem »Maji-Maji-Aufstand«, so etwa im Jahr 2020 in einer Publikation der Bundeszentrale für politische Bildung, die im Geschäftsbereich des Bundesinnenministeriums angesiedelt ist und einen großen Einfluss in der außerschulischen politischen Jugend- und Erwachsenenbildung sowie auf die politische Bildung in deutschen Schulen hat.[116] In der tansanischen Nationalsprache Kiswahili hat sich für den bewaffneten Konflikt zwischen den Kolonialtruppen und der Maji-Maji-Bewegung das Wort »vita« durchgesetzt, was übersetzt »Krieg« bedeutet.

Die Zeitzeugen berichteten den tansanischen Forschern in den 1960er Jahren auch von der Vorgeschichte des Maji-Maji-Krieges und den grausamen Arbeitsbedingungen auf den Plantagen, die ein wichtiger Grund für den Ausbruch der bewaffneten Auseinandersetzung waren. »Während der Feldarbeit wurde viel gelitten. Wir, die Zwangsarbeiter, standen in einer Linie auf dem Feld. Hinter uns war der Aufseher, dessen Aufgabe es war, uns auszupeitschen. Hinter dem Aufseher standen die Jumben. Diese waren Afrikaner und repräsentierten die unterste Ebene der Kolonialverwaltung. Jeder Jumbe stand hinter seinen 50 Leuten. Und hinter dem Jumbe stand Steinhagen höchstpersönlich, ein tödlicher Anblick«, erzählte ein alter Mann Ende der 1960er Jahre einem jungen tansanischen Studenten.

Steinhagen war der Besitzer einer Baumwollplantage im nordwestlich gelegenen Samanga. Sein Aufseher hieß Selemani. »Es war seine Aufgabe, die Zwangsarbeiter mit der Peitsche zu schlagen, die sich vom Hacken aufrichteten oder versuchten, sich auszuruhen, oder nicht ordentlich hackten, so dass ihre Fußspuren zu sehen waren«, erinnerte sich der alte Mann. »Auf der anderen Seite stand Steinhagen mit einem Bambusstock. Wenn Männer eines bestimmten Jumbe Fußspuren hinterließen, schlug er den Jumbe auf die Ohren und prügelte mit dem Bambusstock auf ihn ein, den er mit beiden Händen festhielt, während gleichzeitig Selemani uns Arbeiter auspeitschte.« Augenzeugenberichte wie diese belegen die Qualen und brutalen Arbeitsbedingungen. Die Kolonialverwaltung und die weißen Siedler waren dafür verantwortlich.[117]

Die Erinnerung an den einstigen Befreiungskampf der Maji-Maji-Krieger war für die tansanische Bewegung, die letztlich die Unabhängigkeit von den Briten erreichte, von großer Bedeutung. Die 1954 gegründete tansanische Befreiungsbewegung TANU sowie ihr Anführer Julius Nyerere bezogen sich auf den Kampf gegen die deutsche Kolonialmacht, den sie als Symbol für die nationale Einheit der Tansanier sahen. Anders als die Maji-Maji-Kämpfer wollte die TANU die Unabhängigkeit des Landes von den Europäern allerdings nun mit friedlichen Mitteln erreichen. Nyerere, der nach der Unabhängigkeit von 1962 bis 1985 als Präsident des Landes amtierte, war diesbezüglich vom Denken des Inders Mahatma Gandhi beeinflusst. Auch die arabischen und indischen Minderheiten sollten Teil dieser neuen tansanischen Nation sein.

Die Begeisterung für Nyerere ist in den 2020er Jahren in Tansania ungebrochen. Ein älterer Mann, der aus dem Norden des Landes stammt, erzählt mir, dass der 1999 verstorbene Präsident »ein Mwalimu«, also ein »Lehrer« gewesen sei. Nyerere hatte zunächst in diesem Beruf gearbeitet, nachdem er Ende der 1940er und Anfang der 1950er Jahre der erste Tanganjikaner war, der in Großbritannien studieren konnte. Er sei nicht nur ein Lehrer für Schulklassen, sondern »für das gesamte Land« gewesen, sagt der ältere Mann.

Im tansanischen Nationalmuseum, das sich in Dar es Salaam befindet, sind Fotos, Bilder und Zitate von Nyerere nahezu allgegenwärtig. Eine Malerei aus den 1980er Jahren zeigt den Präsidenten im weißen Hemd, in kurzer Hose und mit hochgekrempelten Ärmeln, wie er eine Schulklasse unterrichtet. In öffentlichen Gebäuden hängt immer mindestens ein eingerahmtes Foto von Nyerere an der Wand. Dort wird er auch als »Baba wa Taifa« bezeichnet, als »Vater der Nation«.

Die TANU unter Führung von Nyerere war in ihren Unabhängigkeitsbestrebungen von einer Mehrheit der Vereinten Nationen unterstützt worden. Die Briten ließen Ende der 1950er Jahre Wahlen zu, welche die Partei deutlich gewann. Im Jahr 1961 folgte die Unabhängigkeit Tanganjikas von Großbritannien. Nach dem Zusammenschluss mit Sansibar wurde das Land im November 1964 in Vereinigte Republik Tansania umbenannt. Nach der friedlichen Befreiung Tanganjikas von der Kolonialherrschaft hielt Nyerere eine versöhnliche Rede vor der UNO in New York. Er bezeichnete die Briten als »Freunde« und beglückwünschte sie dazu, seine Nation in die Unabhängigkeit entlassen zu haben. »Ich bin überzeugt, dass kein Land vollständig frei ist, wenn es andere Menschen in Unfreiheit hält«, erklärte der Präsident mit Blick auf die Regierung in London.[118]

Obwohl die tansanischen Forschungen in den 1960er Jahren zur Aufklärung über die einstigen deutschen Kolonialverbrechen im heutigen Tansania und den Widerstand gegen die imperialen Herrscher beitrugen, gibt es keinerlei Hinweise darauf, dass Präsident Julius Nyerere oder andere tansanische Spitzenpolitiker darüber nachdachten, Reparationen von der Bundesrepublik Deutschland zu fordern. Das ist aus verschiedenen Gründen nachvollziehbar. Solche Zahlungsaufforderungen konnten nämlich nur dann von Erfolg gekrönt sein, wenn ein anderer Staat in einem Krieg besiegt und dann in einem Friedensvertrag dazu verpflichtet wurde, die Zahlungen an die siegreiche Nation zu leisten. Ein wichtiges Beispiel hierfür ist der Kriegsschuldartikel 231 des Versailler Vertrages von 1919, der festlegte, dass Deutschland nach der Niederlage im Ersten Weltkrieg Reparationen an die Siegermächte und die Länder, in denen die Deutschen schweren Schaden angerichtet hatten, leisten musste. Nutznießer sollten Frankreich, Großbritannien, Italien und Belgien sein. Führende deutsche Politiker waren während der Zeit der Weimarer Republik bemüht, diese Verpflichtungen loszuwerden.

Die Voraussetzungen nach der Unabhängigkeit von den einstigen Kolonialmächten waren in Ostafrika ebenso wie andernorts im Globalen Süden bekanntermaßen völlig anders als in den seit langem bestehenden Industrienationen im Norden. Die südlichen Länder waren in der Regel sehr arm, auch weil sie in der Kolonialzeit ausgeplündert wurden. Nun standen die Tansanier vor der großen Aufgabe, die eigene Nation zusammenzuhalten, Bündnisse auf dem internationalen Parkett zu schließen und eine funktionierende Ökonomie aufzubauen. Nyerere entschied sich während seiner Präsidentschaft dafür, dass sich Tansania wie zahlreiche andere afrikanische Nationen der Bewegung der Blockfreien Staaten anschloss. Obwohl er ein sozialistisches System aufbauen wollte, sollten auch die westlichen Staaten nicht verprellt werden. Folglich war Nyerere um gute Beziehungen zu beiden deutschen Staaten bemüht. Dabei musste er auch mit den Nachkommen der einstigen Kolonialtäter zusammenarbeiten. Einer von ihnen war der CDU-Politiker Kai-Uwe von Hassel.

Im Jahr der Unabhängigkeit des ostafrikanischen Landes wurde in der Bundesrepublik das Bundesministerium für wirtschaftliche Zusammenarbeit (BMZ) gegründet. Das war der Startschuss für die westdeutsche sogenannte Entwicklungshilfe. Wenige Wochen, nachdem das Ministerium im Auftrag des Kanzlers Konrad Adenauer seine Arbeit aufgenommen hatte, verkündete Adenauers Parteikollege Kai-Uwe von Hassel im Dezember 1961 zur Unabhängigkeitsfeier des neuen afrikanischen Staates die Vergabe bundesdeutscher Kredite und technischer Hilfe für Projekte, die dem damaligen Tanganjika zugutekommen sollten.

Von Hassel war zu diesem Zeitpunkt zwar nur Ministerpräsident von Schleswig-Holstein, aber er galt in der deutschen Politik als »Afrika-Experte«. Dies lässt sich durch die Biografie des CDU-Politikers erklären. Er war der Sohn des deutschen Offiziers und Landwirts Theodor von Hassel. Dieser befehligte während der größten Schlacht des Maji-Maji-Krieges Ende August 1905 die Kolonialtruppen. Die Deutschen und ihre Verbündeten waren damals haushoch überlegen. Sie setzten Maschinengewehre ein. Der Frontalangriff von etwa 16.000 Maji-Maji-Kriegern auf die Militärstation Mahenge in der Region Morogoro endete für viele von ihnen tödlich. Sie starben im Kugelhagel. Kommandant Theodor von Hassel schrieb damals zufrieden in sein Tagebuch über die afrikanischen Kämpfer, die seinem Befehl unterstanden: »Außer 20 Kiwanga-Leuten (Verbündete der Deutschen, Anmerkung d. Autors) hatte ich keinen Mann verloren.« Von Hassel war sogar offensichtlich stolz auf die Vernichtung seiner militärischen Gegner. »Ganze Reihen, ja Berge von Toten konnte ich durch mein Glas auf allen Kampfplätzen erkennen«, notierte er.[119] Wie wenig das Leben der Afrikaner aus deutscher Sicht wert war, sollte sich später noch deutlicher zeigen, als die Menschen massenhaft der Strategie der »verbrannten Erde« zum Opfer fielen und durch Hungersnöte und Epidemien starben.

Einige Jahre nach dem Ende des Maji-Maji-Krieges wurde Kai-Uwe von Hassel in der damaligen Kolonie Ostafrika geboren. Das war 1913. Obwohl er in der Folgezeit lange in Deutschland lebte, wollte er unbedingt in sein Geburtsland zurückkehren. In den 1930er Jahren versuchte Kai-Uwe von Hassel, als Farmer in Tanganjika Fuß zu fassen. Das misslang. Er wurde nach Beginn des Zweiten Weltkriegs in der britischen Kolonie interniert und 1940 nach Deutschland ausgewiesen. Später machte von Hassel in der Bundesrepublik Karriere und wurde in den 1960er Jahren Verteidigungsminister sowie später Minister für Vertriebene, Flüchtlinge und Kriegsgeschädigte. Dieses Ministerium war ebenso wie weitere Bundesministerien ein Auffangbecken für frühere Nazis. Nach dem Zweiten Weltkrieg waren knapp vierzig Prozent der Beamten und Angestellten der insgesamt 104 Bediensteten des Ministeriums ehemalige Mitglieder der NSDAP.[120]

In dieser Zeit wurden nicht nur die Verbrechen des Naziregimes von vielen Vertretern der politischen Elite der Bundesrepublik ausgeblendet. Schließlich waren sie selber Teil des von den Nazis aufgebauten Apparates gewesen oder arbeiteten nach dem Krieg mit früheren Mitgliedern der NSDAP zusammen, die zum Teil wichtige Funktionen im NS-Staat innehatten. Auch über die Gräuel während der Kolonialzeit legten diese Menschen den Mantel des Schweigens, obwohl etwa Kai-Uwe von Hassel bestens darüber informiert war, was die Deutschen im früheren Ostafrika getan hatten. Stattdessen wurde die Epoche, in der das Kaiserreich unter anderem in Teilen Afrikas geherrscht hatte, als Zeit des Fortschritts umgedeutet, den die Deutschen den Menschen in den Kolonien angeblich gebracht hatten. Führende Politiker der jungen Bundesrepublik führten als vermeintlichen Beleg für diese Behauptung unter anderem den Ausbau der Infrastruktur an.[121] Große Projekte der deutschen Kolonialherren in Ostafrika waren die Errichtung von Bahnstrecken. Sie ließen die Tanganjikabahn und die Usambarabahn bauen. Diese dienten allerdings in erster Linie dazu, Gegenden im Landesinnern mit den Häfen am Indischen Ozean zu verbinden, um Rohstoffe aus dem Land schaffen und es somit schneller ausbeuten zu können.

In den ersten Jahren nach der Gründung des Bundesministeriums für wirtschaftliche Zusammenarbeit herrschte in dem Apparat eine gewisse Kolonialnostalgie vor. Das Ministerium wandte sich mit seinen Maßnahmen deswegen unter anderem Staaten zu, deren Gebiete einst vom Kaiserreich beherrscht wurden. Das waren neben Tanganjika auch Kamerun, Togo und das heutige Namibia.[122]

Die Bundesrepublik hat zu keinem Zeitpunkt aus altruistischen Gründen »Entwicklungshilfe« geleistet. Während des Kalten Krieges zielten diese Maßnahmen vielmehr unter anderem darauf ab, die Staaten des Globalen Südens an die kapitalistischen Länder des Nordens zu binden und sie davon abzuhalten, sich dem sowjetisch-sozialistischen Lager oder den Blockfreien anzuschließen. »Die Gefahren einer heraufziehenden sozialen Revolution unvorstellbaren weltweiten Ausmaßes müssen unbedingt durch eine organische soziale Entwicklung in den Entwicklungsländern aufgefangen werden«, erklärte der CDU-Mann Kai-Uwe von Hassel.[123]

Unter der Führung von Präsident Nyerere wurden ab den 1960er Jahren Industrie- und Handwerksbetriebe, eine Anzahl von Plantagen sowie alle Banken und Versicherungen in Tansania verstaatlicht.[124] Weil Nyerere ein selbstbewusster Präsident war, musste es irgendwann zu Konflikten mit der Bundesrepublik kommen. Denn diese meinte, den Afrikanern im Gegenzug für die »Entwicklungshilfe« die eine oder andere politische Entscheidung diktieren zu können.

In den 1960er Jahren war die DDR ebenso wie Tansania um internationale Anerkennung bemüht. Die Bundesrepublik wollte hingegen unbedingt verhindern, dass die DDR in anderen Ländern diplomatische Niederlassungen gründete. Die Regierung in Bonn nahm damals für sich in Anspruch, das gesamte deutsche Volk völkerrechtlich zu vertreten. Von 1955 bis 1969 galt in der Außenpolitik der Bundesrepublik die Hallstein-Doktrin. Diese war nach dem CDU-Politiker und Staatssekretär im Auswärtigen Amt, Walter Hallstein, benannt und besagte, dass die Aufnahme diplomatischer Beziehungen eines Drittstaates zur DDR als unfreundlicher Akt gegenüber der BRD bewertet werde.

Dagegen standen die guten Beziehungen, welche die DDR zum seinem Selbstverständnis nach sozialistischen Sansibar unterhielt, dessen schwarze Mehrheitsbevölkerung in einer blutigen Revolution die arabische Führungsschicht entmachtet hatte und 1964 mit Tanganjika zum Staat Tansania fusionierte. Auf Sansibar befand sich damals die einzige Botschaft der DDR in Afrika. Der ostdeutsche Staat trieb auf der Insel im Indischen Ozean unter anderem Wohnungsbauprojekte voran, entsandte Ärzte und half, den Geheimdienst aufzubauen. Noch im Jahr 2022 stehen in dem sansibarischen Stadtteil Stone Town Plattenbauten, die einst mit DDR-Unterstützung errichtet wurden. Einwohner bezeichnen die Gegend als »Berlin« oder auch »deutsche Siedlung«. Der neue Wohnraum, Zugang zu Strom und fließendem Wasser bedeuteten in den 1960er Jahren einen großen Fortschritt.[125]

Die Botschaft der DDR auf der Insel sollte nach der Staatenfusion auch auf Druck aus der Bundesrepublik aufgegeben werden. Als Tansania der DDR allerdings im Jahr 1965 ein Generalkonsulat in der damaligen Hauptstadt Dar es Salaam genehmigte, wollte Bonn auch das nicht hinnehmen. Dabei hatte Nyerere betont, dass dieser Schritt nicht bedeute, dass Tansania die DDR als Staat anerkennen werde.

Um die tansanische Regierung zu bestrafen, stellte die Bundesrepublik ihre militärische Ausbildungshilfe für Tansania ein. Am 27. Februar 1965 wurden die 51 Militärberater mit einer Sondermaschine der bundesdeutschen Luftwaffe aus Tansania ausgeflogen. Zwar gab es Bedenken innerhalb der Bundesregierung und westlicher Alliierter, darunter Frankreich und die USA, dass dadurch der Einfluss sozialistischer Staaten in Tansania größer werden könnte, doch Bonn wollte ein Exempel statuieren, das auf andere afrikanische Staaten abschreckend wirken sollte. Im Bundeskabinett wurde darüber beraten, weitere »Hilfsprojekte« für Tansania einzustellen. Denn souveräne Entscheidungen der einstigen Kolonie waren aus westdeutscher Sicht ein Affront. Insbesondere wenn sie die DDR betrafen.

Später verkündete Nyerere, auf die gesamte westdeutsche Hilfe verzichten zu wollen. Die Bundesregierung kam dem auch nach. Allerdings liefen bestehende Projekte der Technischen Hilfe weiter und es wurden bald neue Verhandlungen über weitere westdeutsche »Entwicklungshilfe« aufgenommen. Nyerere war schon damals bewusst, dass Tansania weiter seine Unabhängigkeit bewahren musste, um nicht im Gegenzug für die »Entwicklungshilfe« zu einem »Marionettenstaat« der Bundesrepublik zu werden, wie der tansanische Präsident einmal sagte.

Letztlich kam Nyerere der Bundesregierung soweit entgegen, dass er dem Generalkonsulat der DDR in Dar es Salaam keinen offiziellen Status erteilen wollte, die Mitarbeiter dort also keine konsularischen Funktionen ausüben durften. Es war aber ein wichtiger Schritt gemacht worden, der dazu beitrug, der DDR den Weg zur internationalen Anerkennung zu ebnen. Nach Kairo war Dar es Salaam erst die zweite bedeutsame Präsenz des ostdeutschen Staates auf dem afrikanischen Kontinent. Ende 1972 nahmen die DDR und Tansania volle diplomatische Beziehungen auf.[126]

Die Beziehungen zwischen Tansania und der DDR waren ebenso wie die zwischen der Bundesrepublik und dem ostafrikanischen Staat ambivalent. Außenpolitisch engagierte sich Nyerere für die endgültige Befreiung des afrikanischen Kontinents von den Kolonialherrschern. Die DDR unterhielt enge Verbindungen zu vielen Befreiungsbewegungen in Afrika und zu den Parteien, die daraus hervorgingen. Die Mosambikanische Befreiungsfront FRELIMO, die erfolgreich gegen die portugiesische Kolonialherrschaft kämpfte, hatte einst ihr Hauptquartier in Dar es Salaam. Tansania war auch für weitere im Exil agierende Befreiungsbewegungen wie die namibische SWAPO, den südafrikanischen ANC und die angolanische MPLA ein wichtiger Gastgeber, die gegen die rassistischen Apartheidsregime beziehungsweise die Portugiesen kämpften. Das Befreiungskomitee der Organisation für Afrikanische Einheit (OAU) hatte ebenfalls seinen Sitz in Dar es Salaam.

Die DDR konnte unter anderem über ihre Botschaft in der tansanischen Metropole am Indischen Ozean Kontakte zu diesen Bewegungen knüpfen. Hinzu kam, dass der ostdeutsche Staat von den Medien und der Politik in Tansania lange durchaus positiv wahrgenommen wurde.[127] Die beiden Länder arbeiteten seit Mitte der 1960er Jahre etwa im Hochschulbereich eng zusammen, weil Tansania damals eine Transformation der Gesellschaft in Richtung

Sozialismus anstrebte. Dafür wurden zeitweise auch ostdeutsche Hochschullehrer engagiert.[128]

Allerdings bewertete die politische Führung der DDR trotz einiger Sympathien Tansania als ein Land, das lediglich »sozialistisch orientiert« und in dem die Macht in den Händen einer »kleinbürgerlich-nationalistischen« Gruppe um den Katholiken Nyerere konzentriert sei. Negativ stieß den Politikern in Ost-Berlin auch auf, dass sich der tansanische Präsident abhängig von »Entwicklungshilfe« aus dem westlichen Ausland, darunter Bonn, gemacht habe. Auch die Hinwendung zu China, das Tansania in den 1960er Jahren etwa bei dem Aufbau von Textilfabriken unterstützte, stieß auf keine große Begeisterung in der DDR und bei ihrem engen Verbündeten, der Sowjetunion, die mit der Volksrepublik um die Vorherrschaft in der weltweiten kommunistischen Bewegung konkurrierte.

Nyerere wollte in Tansania einen eigenen Weg zum Sozialismus einschlagen, der sich etwa von den Staaten in Osteuropa unterscheiden sollte. Die in Tansania vorherrschende Ujamaa-Ideologie vereine – so hieß es nicht ganz unberechtigt – Elemente der katholischen Soziallehre und »afrikanisch verbrämte Züge des Sozialreformismus«, hieß es in Ost-Berlin. Dies geht aus einer internen Kommunikation der DDR-Regierung hervor.[129]

Ujamaa ist der Kiswahili-Begriff für »Dorfgemeinschaft, Familie, Familiensinn und Gemeinschaftssinn«. Dieses Konzept beruhte auf Familiengemeinsinn, der Solidargemeinschaft des Dorfes und der Nation. Mit dem Begriff Ujamaa umschrieb Nyerere das von ihm angestrebte Gesellschaftsmodell in Tansania. Er hatte 1967 seine Idee eines Afrikanischen Sozialismus vorgestellt und dabei auch den Begriff Ujamaa erläutert. Die Konferenz, auf der dieses Programm beschlossen wurde, fand in Arusha statt, im Norden Tansanias. Die Ergebnisse wurden deswegen als Arusha-Deklaration bezeichnet.

Die Bürger des Staates sollten demnach gemeinsame Besitzer der natürlichen Ressourcen sein und deren Erhaltung sichern. Im Rahmen der Ujamaa-Politik unterstützte die tansanische Regierung die Bewegung der Landbevölkerung, die sich in Ujamaa-Dörfern zusammenschloss, wo der Zugang zu Bildung und staatlicher Fürsorge organisiert wurde. Das Ziel dieser Politik war, dass alle Tansanier eine Gesundheitsversorgung und zumindest eine Grundschuldbildung erhalten sollten. Die Einwohner wurden dazu angehalten, nach sozialistischem Vorbild in der Landwirtschaft miteinander zu kooperieren. Der Staat übernahm die Kontrolle über die wichtigsten Produktionsmittel und intervenierte in die Wirtschaft mit dem Ziel, Wohlstand zu sichern und die Ausbeutung der Menschen durch andere Menschen zu verhindern.[130] Letztlich hat sich dieser Weg zum Sozialismus allerdings als Utopie erwiesen.

Der Umgang mit der kolonialen Vergangenheit unterschied sich in den beiden deutschen Staaten. In der DDR wurden koloniale Straßennamen und Inschriften von Denkmälern entfernt. Der Staat verurteilte die imperialistische Politik des einstigen Kaiserreiches. An den Universitäten der DDR wurde eine kritische Forschung in Bezug auf die deutsche koloniale Vergangenheit betrieben, die auf zahlreichen Quellen basierte, den imperialistischen Charakter des Kolonialismus hervorhob und sich mit den afrikanischen Widerstandsbewegungen beschäftigte.

Der Historiker Ulrich van der Heyden verweist etwa auf die Werke von Helmuth Stoecker, Walter Markov und anderen. Diese hätten die »kolonialkritische Kolonialismusforschung« begründet. Noch heute seien der von Stoecker 1977 herausgegebene Sammelband »Drang nach Afrika. Die koloniale Expansionspolitik und Herrschaft des deutschen Imperialismus in Afrika von den Anfängen bis zum Ende des Zweiten Weltkrieges«, das Werk von Peter Sebald über »Togo 1884–1914. Eine Geschichte der deutschen ›Musterkolonie‹ auf der Grundlage amtlicher Quellen« (1988) und das mehrfach neuaufgelegte und auf Initiative der Vereinten Nationen in verschiedene Sprachen übersetzte Buch von Horst Drechsler »Südwestafrika unter deutscher Kolonialherrschaft« (1966) Standardwerke. Drechsler habe als erster Historiker in Bezug auf den Kolonialkrieg in Deutsch-Südwestafrika von einem Völkermord gesprochen. Auch zum Maji-Maji-Krieg wurden in der DDR bereits zu Beginn der 1960er Jahre Forschungen veröffentlicht.[131] Dagegen herrschten in der Geschichtsschreibung der Bundesrepublik bis in die 1970er Jahre revanchistische und apologetische Töne vor.

Trotzdem gab es im ostdeutschen Staat keine Ansätze, jenseits der »Entwicklungshilfe« eine Entschädigung in den ehemaligen deutschen Kolonien zu leisten oder Reparationen zu zahlen. Die Begründung hierfür liegt im Selbstverständnis der DDR. Diese sah sich, wie es einer der bekanntesten Kolonialhistoriker des Staates, Heinrich Loth, ausdrückte, als »legitimen Erben der großen antikolonialen Tradition der deutschen Arbeiterklasse und der kommunistischen Kräfte«. Allein der Bonner Staat sei der »legitime Erbe des deutschen Kolonialimperialismus«.[132]

Obwohl sich die Sicht auf die Kolonialzeit in der Bundesrepublik zunächst nicht änderte, verbesserten sich die Beziehungen zu Tansania, nachdem der SPD-Politiker Willy Brandt gemeinsam mit der FDP Ende der 1960er Jahre die neue Bundesregierung gebildet und somit die lange Herrschaft der Unionsparteien abgelöst hatte. Tansania wurde ein Schwerpunktland der westdeutschen Entwicklungspolitik in Afrika.

Die DDR verstärkte in dieser Zeit ebenfalls ihre Bemühungen und stellte Berater in den Ministerien für Landwirtschaft, Nationale Erziehung, Wasser und Ressourcen sowie Planung, Bau und Finanzen. Beide Staaten versuchten, Tansania in der Zeit der Blockkonfrontation als Partner für sich zu gewinnen. Bereits damals wurde deutlich, dass das arme Land sich trotz der Befreiung von der Kolonialherrschaft wieder in Abhängigkeiten begab.

Das setzt sich bis in die heutige Zeit fort. Die Kredite, welche Tansania aus dem Ausland bezogen hatte, verteuerten sich für das Land zunehmend. Der Staat geriet wegen steigender Zinsen während der Wirtschaftskrise Ende der 1970er und Anfang der 1980er Jahre in die Schuldenfalle. Nach 1979 brach die Wirtschaft des Landes zusammen. Das lag nicht zuletzt an den auf dem Weltmarkt stark gestiegenen Ölpreisen. Gleichzeitig gingen die Preise für die Waren zurück, die Tansania exportierte.[133]

Obwohl sich der ostafrikanische Staat lange dagegen wehrte, nahm der Druck der internationalen Geldgeber zu, Privatisierungen durchzuführen. Hinzu kam, dass Teile der einheimischen Industrie auch wegen der Billigprodukte aus dem Ausland schließen mussten. Das galt etwa für die einstmals vielversprechende Textilindustrie. Sie erklärte nach Spenden und Billigimporten von Altkleidern aus den USA und Europa Mitte der 1990er Jahre ihren Bankrott.[134]

Ab den Jahren 1989/1990 war auch Tansania, wie viele andere Teile der Welt, von den Umbrüchen betroffen, die mit dem Zerfall des Sozialismus in Osteuropa einhergingen. In dem ostafrikanischen Land wurde das Einparteiensystem im Jahr 1992 endgültig aufgegeben und ein Mehrparteiensystem eingeführt. Bereits seit den 1980er Jahren hatte sich abgezeichnet, dass der Kapitalismus auch hier seinen Siegeszug fortsetzen würde. Seit den 1980er Jahren erfolgte die Abkehr vom tansanischen Modell des Sozialismus und weite Teile der Wirtschaft wurden privatisiert.

Die Privatisierungen haben dem Land nicht geholfen. Die Wirtschaft ist auf den Tourismus und die Landwirtschaft fixiert. Letztere ist von kleinbäuerlichen Strukturen geprägt. Die Abhängigkeit vom Tourismus birgt viele Risiken. Das zeigte sich etwa während der Covid-19-Pandemie ab dem Jahr 2020. Sie führte dazu, dass die Einnahmen aus dem Tourismus um 40 bis 60 Prozent zurückgingen. Vor der Coronakrise besuchten im Jahr 2019 mehr als 1,5 Millionen Touristen das Land. Die Umsätze betrugen umgerechnet 2,34 Milliarden Euro. Das entsprach einem Anteil von 4,3 Prozent des Bruttosozialproduktes. Allerdings werden die Gewinne oft von ausländischen Unternehmen sowie wenigen Tansaniern eingestrichen, die der Oberschicht angehören. Sie kommen also nicht den breiten Bevölkerungsschichten zugute.

Das gilt auch für andere lukrative Bereiche. Tansania war in den vergangenen Jahren der viertgrößte Goldproduzent in Afrika und verfügt über Vorkommen von Grafit, Nickel und Eisenerz. Doch das Gold war bislang eher ein Fluch als ein Segen für das Land. Was einst deutsche Goldsucher während der Kolonialzeit begonnen hatten, wurde in späteren Jahrzehnten von großen Konzernen fortgesetzt. Die staatlichen Bergwerke in Tansania litten ebenso wie andere Wirtschaftszweige seit den 1970er Jahren unter der Wirtschaftskrise.

1986 forderte unter anderem der Internationale Währungsfonds IWF als Geldgeber Strukturanpassungsmaßnahmen, welche die tansanische Regierung umsetzen sollte. Ansonsten hätte sie keine Kredite mehr erhalten. Die Regierung war dadurch gezwungen, die Voraussetzungen dafür zu schaffen, dass der Abbau von Gold und mineralischen Rohstoffen künftig internationalen Konzernen überlassen wurde. Das führte auch dazu, dass bis zu einer Million Kleinschürfer und in deren Wertschöpfung eingebundene Menschen ihre Existenzgrundlage verloren. Es kam zu Vertreibungen und Enteignungen.[135]

Welche schwerwiegenden Folgen das hat, kann man im 21. Jahrhundert etwa im Norden des Landes beobachten. Dort befinden sich mehrere Goldminen, die von Acacia Mining, einem britischen Unternehmen, das mehrheitlich im Besitz des kanadischen Barrick-Konzerns ist, betrieben werden. Dem Konzern wird immer wieder vorgeworfen, für Umweltzerstörungen durch arsenhaltiges Abwasser und für schwere Menschenrechtsverletzungen verantwortlich zu sein. Frauen berichteten, dass sie von Wachmännern der Mine vergewaltigt worden seien, weil sie den Sicherheitszaun überwunden und selbst nach Gold gesucht hatten, was ihnen früher lange erlaubt war. Eine Frau bezeugte, dass sie von der Firma, die das Sicherheitspersonal beschäftigte, wegen der Vergewaltigung eine Entschädigungszahlung erhalten habe. So etwas komme öfter vor, sagte sie. Das Sicherheitspersonal und die Polizei schießen laut Berichten auch auf Eindringlinge, die auf der Suche nach Gold sind. Nach investigativen Recherchen von Journalisten kamen dadurch zwischen 2014 und 2019 mindestens 22 Menschen ums Leben. Acacia Mining bestritt diese Zahl.

Ob auch deutsche Unternehmen an diesen Machenschaften zumindest indirekt beteiligt sind, lässt sich nicht eindeutig nachweisen. Die Deutsche Gesellschaft für Internationale Zusammenarbeit (GIZ), die im Auftrag verschiedener Bundesministerien international tätig ist, teilte lediglich mit, dass »deutsche Unternehmen vor allem als Zulieferer im Bergbau aktiv sind«. Lieferchancen bestünden bei Bergbautechnik und Chemikalien.[136] Auch Goldminen werden von Bergbauunternehmen betrieben.

Durch ihre Geschäfte mit dem Unternehmen Acacia Mining haben auch einige international bekannte Konzerne Blut an den Händen. Das tansanische Gold wurde an eine indische Raffinerie verkauft, die zahlreiche namhafte Kunden beliefert, darunter Nokia, Canon und Apple.[137]

Aus dem westlichen Ausland wird die tansanische Regierung in erster Linie dazu aufgefordert, keine Gesetze zu erlassen, die Profite ausländischer Investoren schmälern könnten. So war etwa vonseiten der GIZ Kritik an dem 2017 beschlossenen Bergbaugesetz zu hören. Denn dieses räumt dem Staat das Recht eines Mindestanteils von 16 Prozent an den Minen ein. Eine weitere Hürde sei die Besteuerung des bislang dominierenden Exports unverarbeiteter Mineralien. Damit sollten die Bergbaufirmen zu Investitionen in die Weiterverarbeitung motiviert werden. Die Minenbetreiber hätten die Hoffnung, dass sich mit der neuen Präsidentin Samia Suluhu Hassan, die seit März 2021 amtiert und ihren verstorbenen Vorgänger John Magufuli ablöste, Kompromisse finden lassen würden, mit denen die zahlreichen geplanten Investitionen umgesetzt werden könnten, so die GIZ. Magufuli wollte hingegen die ausländischen Bergbaufirmen mit höheren Steuern und strengeren Gesetzen in die Pflicht nehmen.[138] Die Ausführungen der GIZ deuten auf mehr deutsches Mitgefühl mit den Minenbetreibern hin, die das Land mit zum Teil brutalen Methoden ausbeuten, als mit den Afrikanern, die unter den neokolonialen Strukturen leiden.

Auch ein Papier der CDU-nahen Konrad-Adenauer-Stiftung aus dem Jahr 2017 weist darauf hin, dass es von deutscher Seite ein großes Interesse daran gibt, dass Acacia Mining seine Geschäfte möglichst ungestört fortsetzen kann. Darin wurde dem damals amtierenden Präsidenten Magufuli vorgeworfen, ein investorenfeindliches Klima in Tansania zu schaffen. Hintergrund war, dass der Staatschef zwischenzeitlich den Konzern Acacia Mining dazu aufgefordert hatte, eine Steuerrückzahlung in Höhe von 190 Milliarden US-Dollar zu leisten. Auch die Erhöhung der Ausfuhrsteuer auf manche Mineralien durch das tansanische Parlament stieß bei der Adenauer-Stiftung auf Unverständnis. Die schweren Verbrechen, die Acacia Mining vorgeworfen werden, wurden in dem Papier der Stiftung mit keinem Wort erwähnt.[139]

Trotz dieser Konflikte, die immer wieder zwischen ausländischen Unternehmen und der tansanischen Regierung aufflammen, sind die Abhängigkeitsverhältnisse des Staates von diesen Konzernen und den internationalen Geldgebern, welche die Interessen dieser Konzerne vertreten, eindeutig. In weiten Teilen der Welt wurde ein neokoloniales System geschaffen, in dem Länder des Globalen Südens abhängig vom Norden sind. Das gilt auch für Tansania. In den 20er Jahren des 21. Jahrhunderts ist der Staat in Ostafrika eines der ärmsten Länder der Welt. Er liegt im Index der menschlichen Entwicklung (Human Development Index, HDI) der Vereinten Nationen auf Platz 151 von insgesamt 187 Staaten. Ein Drittel der Bevölkerung in Tansania lebt in Armut.

Möglicherweise sind die globalen Abhängigkeitsverhältnisse auch ein Grund dafür, warum es in Tansania bisher keine einhellige Meinung gibt, ob man dem Beispiel Namibias folgen und Forderungen gegenüber der Bundesrepublik wegen der einstigen Kolonialverbrechen erheben sollte. Ein Schritt in diese Richtung hätte Anfang 2017 gemacht werden können. Einige Abgeordnete hatten während einer Debatte im tansanischen Parlament eine Entschuldigung und Entschädigung von Deutschland für die Gräueltaten während der Kolonialzeit gefordert. Unterstützung erhielten die Parlamentarier vom damaligen Verteidigungsminister und wichtigen Funktionär der Regierungspartei Chama Cha Mapinduzi CCM (Partei der Revolution), der Nachfolgeorganisation der TANU, Hussein Ali Mwinyi. Er hatte das tansanische Außenministerium darum gebeten, Verhandlungen mit der deutschen Bundesregierung aufzunehmen. Gegenüber der *Deutschen Welle* sagte Mwinyi: »Unser Ziel sind Kompensationen, und es gibt ein paar andere Beispiele in Afrika, die solche gefordert haben.« In diesem Zusammenhang nannte der tansanische Politiker die Staaten Namibia und Kenia. Die Briten hatten im Jahr 2013 mehr als 5000 Angehörigen von Opfern des kenianischen Befreiungskampfes in den 1950er Jahren, der auch Mau-Mau-Krieg genannt wird, umgerechnet jeweils knapp 4.500 Euro gezahlt.[140]

Im Jahr 2018 war der damalige Bundesaußenminister Heiko Maas in Tansania zu Besuch. Ein Grund für die Visite des SPD-Politikers war offensichtlich, dass er die Wogen wieder glätten und sich versichern wollte, dass mit Tansania keine ähnlich komplizierten Verhandlungen wie mit Namibia drohten. Sein tansanischer Amtskollege Augustine Mahiga konnte den Saarländer beruhigen. Reparationsforderungen seien kein Thema, sagte Mahiga. »Wir denken, dass es andere Wege der gegenseitigen Unterstützung als die Forderung nach einer Entschädigung gibt«, erklärte er. »Die Forderungen einzelner Politiker oder Gruppierungen nach finanzieller Entschädigung für die Zeit der deutschen Kolonialherrschaft«, wie in deutschen Medien die Haltung von tansanischen Parlamentariern und eines wichtigen Ministers bezeichnet wurde, wies Mahiga zurück. Mit dem Ausdruck »gegenseitige Unterstützung« spielte er offensichtlich auf die deutsche »Entwicklungshilfe« für sein Land an. Die Kolonialzeit habe die »Grundlage für die Beziehungen und das Verständnis zwischen beiden Ländern gelegt«, sagte Mahiga. »Wir sollten nun die positive Seite dieser historischen Beziehungen sehen.«

Heiko Maas wollte das Land selbstverständlich nicht verlassen, ohne einige Versprechen abzugeben. Der Sozialdemokrat kündigte finanzielle Hilfe bei der Restaurierung kolonialer Bauten an. »Erinnerungsmeilensteine architektonischer Art müssen erhalten bleiben«, so der Außenminister. Mit anderen Worten: Was die Deutschen den Afrikanern hinterlassen haben, soll gepflegt werden.

Verschiedene Kolonialmächte haben in Tansania unterschiedliche Spuren hinterlassen, seien es Portugiesen, Briten oder Deutsche. Das sieht man vor allem an der Architektur der großen und mittelgroßen Städte des Landes und auf Sansibar, das stark von den Arabern beeinflusst wurde. Die Gebäude aus der Kolonialzeit werden weiterhin genutzt und sind Teil der Geschichte des Landes. Obwohl es eine lange Tradition des antikolonialen Widerstandes gibt, würde niemand auf die Idee kommen, diese Architektur zu zerstören und somit aus dem nationalen Gedächtnis zu tilgen. Das betont im Gespräch mit mir auch der tansanische Botschafter in Deutschland, Abdallah Possi.

Eine Entschädigung für Mord und Zerstörung stand hingegen für Heiko Maas nicht zur Debatte, als er in Tansania weilte. Der deutsche Außenminister warb auch für Wirtschaftsreformen in dem ostafrikanischen Land, ganz im Sinne westlicher Unternehmen versteht sich. Zum Abschluss seines Besuchs legte Maas in Dar es Salaam einen Kranz nieder, um der afrikanischen Opfer des Ersten Weltkrieges zu gedenken, die von der tansanischen Regierung als »Helden« bezeichnet werden. Maas schmückte vorher noch im strömenden Regen vor dem Askari-Monument den Kranz mit einer kleinen schwarz-rot-goldenen Fahne. Mehr Empathie war vom deutschen Außenminister nicht zu erwarten.

Die Überschrift der von der *Deutschen Presse-Agentur* verbreiteten Meldung zum Besuch von Heiko Maas im Mai 2018 lautete: »Tansania will keine Entschädigung von Deutschland.« Sie wurde von den führenden Onlineportalen in der Bundesrepublik, von der *Zeit*, der *FAZ*, vom *Spiegel* und anderen verbreitet, ohne den einstigen Völkermord in Ostafrika zu erwähnen, für den das Deutsche Kaiserreich verantwortlich war.[141]

Anfang des Jahres 2020 deutete die tansanische Regierung erneut an, über eine Entschädigung mit Deutschland verhandeln zu wollen. Bei dem neuen Vorstoß erklärte Abdallah Possi, zu diesem Zeitpunkt tansanischer Botschafter in Deutschland, dass die Bundesregierung die Regierung von Tansania zunächst darüber informieren solle, »wie viele menschliche Gebeine und Kulturobjekte aus dem heutigen Tansania während der Kolonialzeit nach Deutschland gebracht wurden und wo sie sich heute befinden«. Danach könnten Verhandlungen über eine Entschädigung folgen.[142]

Ob diese jemals stattfinden werden, ist offen. Deutlich wurde allerdings, dass die Regierung in Dar es Salaam weitaus weniger offensiv vorgeht als etwa die politischen Vertreter Namibias. Vonseiten der tansanischen Regierung wird der Begriff des Genozids vermieden. Allerdings spricht sie von schweren Kriegsverbrechen während des Maji-Maji-Krieges, welche von den Truppen begangen wurden, die unter deutschem Befehl standen.

3.2. Provenienzforschung und Museumsprojekte

Die tansanische Botschaft in Berlin befindet sich in einem Villenviertel im äußersten Westen der Stadt. Wer auf dem Weg dorthin ist, kommt an einem weißen Haus vorbei, in dessen Vorgarten die kamerunische Flagge gehisst wurde. Es ist eine grün-rot-gelbe Trikolore mit einem gelben Stern in der Mitte. Kamerun hat sich für die panafrikanischen Farben entschieden, die für Hoffnung, Vegetation und Natur, das vergossene Blut in den Unabhängigkeitskriegen und die Sonne beziehungsweise den Savannenboden stehen. Die Botschaften der beiden einst von Deutschland unterdrückten Gebiete, die seit Jahrzehnten eigene Staaten sind, Kamerun und Tansania, sind hier im Westen Berlins sehr nahe beieinander. Abgesehen vom Personal der Botschaften und von Menschen, die in diesen Niederlassungen Dinge erledigen müssen, sind kaum Fußgänger unterwegs. Berliner Polizisten sitzen in einem blau-weißen Fahrzeug, das am Straßenrand parkt, und wachen über die afrikanischen Diplomaten und deren Angestellten.

Tansania hat im Unterschied zu zahlreichen anderen Ländern des Kontinents auf die panafrikanischen Farben in seiner Flagge verzichtet. Stattdessen wurde die Fahne der Befreiungsbewegung

TANU übernommen, deren Nachfolgeorganisation CCM im Jahr 2023 noch immer die Politik des ostafrikanischen Landes dominiert. Grün steht für die Fruchtbarkeit des Landes und Schwarz für die Bevölkerung. Diese Symbolik der TANU wurde um zwei Farben ergänzt. Hinzu kamen Blau als Symbol für den Indischen Ozean, an den Tansania angrenzt, und Gold für die Bodenschätze des Landes. Die Farbe Rot spielt keine Rolle – trotz der vielen Menschen, die getötet wurden, weil sie Ende des 19. und zu Beginn des 20. Jahrhunderts zu den Waffen gegriffen haben, um für die Unabhängigkeit ihres Landes von den Kolonialisten zu kämpfen. Die TANU berief sich immer auf die einheimischen Unabhängigkeitskämpfer, die in der Vergangenheit auf gewaltsamen Widerstand gesetzt hatten. Aber im Unterschied etwa zu der Maji-Maji-Bewegung, für die es zu Beginn des 20. Jahrhunderts keine andere Option als den bewaffneten Kampf gab, konnte die TANU die Unabhängigkeit mit friedlichen Mitteln erreichen.

In der tansanischen Botschaft hängt ein Foto des früheren Präsidenten und TANU-Gründers Julius Nyerere. Der Mann mit grauen Haaren lächelt sanft. Ihm gegenüber ist auf einem Foto eine Frau mit Kopftuch abgebildet, die eine Brille trägt. Es handelt sich um Samia Suluhu Hassan. Sie führt seit 2021 die Staatsgeschäfte in Tansania. Ein Katholik und eine Muslima, die derselben Partei angehören, dort Karriere gemacht und es bis an die Staatsspitze geschafft haben – auch das ist bezeichnend für den tansanischen Staat, in dem Menschen unterschiedlichen Glaubens weitgehend friedlich zusammenleben und die religiöse Toleranz sehr ausgeprägt ist. Zwischen den eingerahmten Fotos der beiden Staatschefs hängen Malereien, welche die Landschaft von Tansania zeigen: Die Küste am blauen Ozean und die tropischen Regenwälder. Der Künstler hat links unten auf den Bildern signiert. Wer genau hinsieht, erkennt den Namen von Abdallah Possi, der als tansanischer Botschafter in einer Berliner Villa residiert.

An diesem heißen Sommertag im Jahr 2022 empfängt mich der tansanische Botschafter. Wir setzen uns an einen langen Konferenztisch, auf dem einige Snacks und Getränke stehen, und sprechen über Kolonialismus, deutsche und tansanische Politik. Abdallah Possi sagt, dass er überrascht sei über die Unkenntnis vieler deutscher Politiker in Bezug auf die Kolonialzeit. Nur sehr wenige von ihnen seien wirklich darüber informiert, was die Kolonialregime in den besetzten Gebieten getan haben. »Ich möchte deswegen niemanden in der Bundespolitik verurteilen«, erklärt der Botschafter. Bescheid zu wissen darüber, dass Menschen gelitten haben, könne aber helfen, ähnliche rassistische Verbrechen in der Zukunft zu verhindern.

Abdallah Possi will diesbezüglich keine Unterschiede zwischen den Opfern rassistischer und antisemitischer Politik machen, seien es Afrikaner, Amerikaner, Asiaten oder Europäer. Wichtig sei das Wissen über die verschiedenen Verbrechen, die in der Vergangenheit begangen wurden. »Damit nicht wieder ein neuer Adolf Hitler an die Macht kommt, muss man sich auch mit den Fehlern auseinandersetzen, die während der Kolonialzeit gemacht wurden«, sagt Abdallah Possi.

Die tansanische Regierung will sich mit der Bundesregierung an einen Tisch setzen und über die gemeinsame Geschichte reden. Das ist von tansanischer Seite nicht feindschaftlich gemeint. Vielmehr loben Abdallah Possi und andere Vertreter des Landes die sehr guten Beziehungen zur Bundesrepublik und betonen, dass sich daran auch in Zukunft nichts ändern werde. Doch inzwischen stellen die Afrikaner konkrete Forderungen. Dabei geht es auch um Kultur- und Kunstobjekte, die während der Kolonialzeit gestohlen wurden. »Ich denke, dass ich es unterstütze, dass die Deutschen diese Gegenstände an Tansania zurückgeben«, erklärt der Botschafter.

Wir kommen auch auf einen Dinosaurier zu sprechen. Besser gesagt, wir reden über die Knochen eines dieser riesigen Tiere, die vor Millionen von Jahren ausgestorben sind. Denn diese Knochen wurden einst auf dem Gebiet gefunden, in dem heute der Staat Tansania liegt, und nach Deutschland gebracht. Wenige Kilometer von der tansanischen Botschaft entfernt ist im Museum für Naturkunde Berlin, im Zentrum der Stadt, der Brachiosaurus ausgestellt. Er ist der große Publikumsmagnet. Welche riesigen Summen das Museum durch den Brachiosaurus eingenommen hat, lässt sich nur schätzen. Die Menschen bestaunen die zusammengesetzten Knochen und bekommen eine Ahnung davon, wie der pflanzenfressende Saurier einst durch die Gegend streifte und wegen seines langen Halses mühelos die Baumkronen erreichen konnte, um sich zu ernähren. Das Museum wirbt damit, den Menschen einen Eindruck davon zu vermitteln, wie die Welt vor 150 Millionen Jahren aussah. Das Skelett wurde in der Nazizeit zum ersten Mal der Öffentlichkeit präsentiert und war seit 1937 im Lichthof des Museums zu sehen. 70 Jahre später wurde es auf der Grundlage neuer Erkenntnisse und Rekonstruktionstechnologien neu aufgestellt.[143]

Doch mit der Geschichte des Knochenfundes beschäftigen sich nur sehr wenige Besucher. Die Knochen, die im Berliner Naturkundemuseum zum berühmten Brachiosaurus brancai zusammengesetzt wurden, haben Deutsche während der Kolonialzeit aus Ostafrika entwendet. Die Gegend, aus der die Dinosaurierknochen stammen, ist dieselbe, in welcher der Maji-Maji-Krieg tobte. Bis heute ist unklar, unter welchen Bedingungen die Afrikaner als Arbeiter bei den archäologischen Untersuchungen eingesetzt wurden. Die Knochen sollen vom Bergbauingenieur Bernhard Wilhelm Sattler in der Lindi-Region gefunden worden sein. Lindi ist eine Küstenstadt im Südosten des heutigen Tansania.

Fundort war der Hügel Tendaguru, etwa 60 Kilometer nordwestlich von Lindi. Bernhard Wilhelm Sattler war in den Jahren 1906 und 1907 auf der Suche nach Granat-Edelsteinen. Gouverneur Graf von Götzen bezeichnete ihn als einen »Mitstreiter im Aufstand«. Das ist zwar noch kein Beweis dafür, dass Sattler auch an den Kampfhandlungen während des Maji-Maji-Krieges teilgenommen hat. Allerdings belegt das Zitat eine große Nähe zwischen den mörderischen Truppen des Grafen von Götzen und dem Ingenieur Sattler.[144]

Das Berliner Museum für Naturkunde nennt Anfang des Jahres 2023 auf seiner Website den Namen des Paläontologen und Geologen Werner Janensch, unter dessen Leitung die insgesamt 230 Tonnen schweren Knochen zwischen 1909 und 1913 »geborgen wurden«, wie es beschönigend heißt. Kaiser Wilhelm II. hatte Janensch damit beauftragt. Hunderte afrikanische Männer und Frauen hätten bei den Ausgrabungen geholfen. Immerhin nimmt das Museum für sich in Anspruch, diese Expedition »kritisch zu hinterfragen«.[145] Allerdings wäre in diesem Zusammenhang auch der Name von Edwin Hennig erwähnenswert gewesen. Der Paläontologe war an der Expedition von Janensch beteiligt und einer der wissenschaftlichen Leiter. Er wurde 1917 als Professor an die Universität Tübingen berufen. Edwin Hennig forderte zwischen den Weltkriegen die Rückgabe der Kolonien und vertrat ein rassistisches Weltbild. 1937 trat er der NSDAP bei und wurde nach der militärischen Niederlage Nazideutschlands 1945 seines Amtes enthoben.[146]

Es ließe sich also noch viel aufarbeiten. Ein erster Schritt wäre, die Knochen an Tansania zurückzugeben. Audax Mabulla, Leiter des tansanischen Nationalmuseums, hat schon im Jahr 2020 erklärt, dass er den Brachiosaurus gerne in seinem Museum in Dar es Salaam ausstellen würde. Mabulla lobte zwar einerseits die ökonomischen Bemühungen der Deutschen, das Skelett zu erhalten, zu präparieren und aufzustellen. Denn es handelte sich um Gesteinsfragmente mit Fossilien, die ausgegraben wurden und aus denen dann in Deutschland ein Dinosaurier zusammengebaut wurde. Aber für Mabulla ist auch klar, dass Tansania der rechtmäßige Besitzer dieser Knochen ist. »Die Deutschen sollten die Bedeutung der Rückgabe dieser Kulturgüter sehen. Und nicht nur, wie wichtig es ist, diese zurückzugeben, sondern Tansania auch mit den nötigen Mitteln auszustatten, diese fachgerecht zu lagern, zu präparieren und auszustellen. Und das heißt auch, diese Bemühungen zu unterstützen. Ich glaube, dass jeder intelligente Deutsche das auch unterschreibt und dass es deshalb auch möglich ist«, meinte Mabulla.[147]

Abdallah Possi unterstützt diese Forderung. Im Gespräch mit mir weist er darauf hin, dass es unterschiedliche Sichtweisen in Tansania zur Zukunft des Dinosauriers gebe. Es sei auch eine Roadmap im Gespräch, also ein Zeitplan, an dessen Ende die Rückgabe stehen sollte. Im nationalen Parlament von Tansania haben vor allem Abgeordnete aus dem Südosten des Landes gefordert, dass mit Deutschland eine Rückführung des Skeletts ausgehandelt werden solle. Ihre Idee war, ein neues Ausstellungsgebäude in der Nähe der Fundstelle zu errichten und den Dinosaurier dort der Öffentlichkeit zu präsentieren. Das könnte mehrere Vorteile für die strukturschwache Region mit sich bringen. Die Aufmerksamkeit würde wachsen, mehr Touristen würden kommen und die Infrastruktur könnte langfristig ausgebaut werden.

Allerdings weigerte sich das Berliner Museum, das zusammengesetzte Dinosaurier-Modell an das Land zurückzugeben, in dem einst Vertreter der illegitimen Kolonialherrscher die Steine mit Fossilien ausgegraben und entwendet haben. Das Naturkundemuseum hat das Skelett im Jahr 2011 auf Initiative der Berliner Senatskulturverwaltung in das Verzeichnis national wertvollen Kulturguts eintragen lassen. Laut Gesetz ist es somit »Teil des kulturellen Erbes Deutschlands«. Das bedeutet auch, dass eine Ausfuhr ins Ausland erschwert, wenn nicht sogar praktisch ausgeschlossen ist. Der Verbleib des Dinosaurier-Skeletts in der Bundesrepublik liegt nämlich seitdem »im herausragenden kulturellen öffentlichen Interesse«.[148]

Die Knochen des Dinosauriers dürften nicht die einzigen Objekte sein, über die noch diskutiert wird. Im Herbst 2021 befanden sich geschätzt etwa 10.200 geraubte Objekte aus Tansania in Berlin. Das 1886 eröffnete Königliche Museum für Völkerkunde, Vorgänger des Ethnologischen Museums, wollte nämlich in der Kaiserzeit so viele Gegenstände aus den Kolonien wie möglich in seinem Besitz haben. Dass diese durch Raub, Erpressung oder als Kriegsbeute in das Kaiserreich verschifft wurden, war der Leitung des Museums durchaus bewusst.

Aus den Bundesministerien hieß es lange, dass in Deutschland genug getan werde, um an die Kolonialzeit zu erinnern. Das Auswärtige Amt rühmt sich auf seiner Website, im Rahmen seines seit 1982 existierenden Kulturerhalt-Programms Projekte mit Bezug zur

Kolonialvergangenheit zu fördern. Doch selbst in diesem Bereich passierte lange nicht viel. Die bis Dezember 2021 amtierende Bundesregierung aus CDU, CSU und SPD hatte in ihrem Koalitionsvertrag festgelegt, die Aufarbeitung der Provenienzen von Kulturgut aus kolonialem Erbe in Museen und Sammlungen mit einem eigenen Schwerpunkt zu fördern sowie den Kulturaustausch mit Afrika zu verstärken, insbesondere durch die Aufarbeitung des Kolonialismus sowie den Aufbau von Museen und Kultureinrichtungen in Afrika.

Als die Bundesregierung von den zu diesem Zeitpunkt noch oppositionellen Grünen im Jahr 2018 in einer Kleinen Anfrage darauf angesprochen wurde, was das eigentlich praktisch zu bedeuten habe, verlor sie kein Wort über die Völkermorde im heutigen Namibia und Tansania. Sie verwies allerdings auf Provenienzforschungsprojekte, an denen auch die Afrikaner, so etwa die Universität von Dar es Salaam und das Nationalmuseum von Tansania, beteiligt sind.[149]

Ausgewählte Bestände der Sammlungen im Nationalmuseum Tansanias und des Ethnologischen Museums in Berlin sollen miteinander in Beziehung gesetzt werden. Das Deutsche Kaiserreich hat ebenso wie die anderen Kolonialmächte viele Kunstgegenstände aus den Ländern Asiens, Afrikas und Lateinamerikas geraubt. Bei manchen Gegenständen wie den Benin-Bronzen, die vom Vereinigten Königreich als Raubgut unter anderem nach Deutschland verkauft wurden, wurde lange darüber diskutiert, sie zurückzugeben. Nigeria, auf dessen heutigem Staatsgebiet sich einst ein großer Teil des Königreichs Benin befand, erhob diese Forderung mehr als 50 Jahre lang vergeblich. Erst dann löste sich Deutschland langsam von der nostalgischen Verklärung der eigenen Kolonialgeschichte. Einige der wertvollen Bronzen wurden von Außenministerin Annalena Baerbock und Kulturstaatsministerin Claudia Roth (beide Bündnis 90/Die Grünen) im Dezember 2022 in Nigeria überreicht.[150]

Auch der Wiederaufbau des Berliner Schlosses im Zentrum der Stadt zeugt von einem unkritischen Umgang mit der Geschichte des Kaiserreiches und den damals herrschenden Hohenzollern. In dem

Gebäude wurde Ende des Jahres 2020 zunächst digital das Humboldt Forum eröffnet. Es war mit Kosten in Höhe von 680 Millionen Euro das wichtigste bundesdeutsche Kulturprojekt. Wegen der Präsentation von in den Kolonien geraubten Gegenständen wurde das Humboldt Forum von diversen Historikern wie dem Hamburger Professor Jürgen Zimmerer kritisiert.[151]

Allerdings setzt das Museum auch auf internationale Kooperationen. Im April 2022 haben sich das Nationalmuseum in Tansania und das Humboldt Forum auf ein neues gemeinsames Projekt geeinigt. Mit im Boot sind auch die Stiftung Preußischer Kulturbesitz und das Ethnologische Museum, das seinen Sitz im Humboldt Forum hat. Die beteiligten Institutionen haben erklärt, dass im Jahr 2024 im Humboldt Forum eine Sonderausstellung zur Geschichte Tansanias eröffnet werden soll. In dieser Ausstellung werden Objekte aus den Ostafrika-Sammlungen des Ethnologischen Museums in Berlin und des tansanischen Nationalmuseums zu sehen sein. Es sei ein zentrales politisches Ziel der seit Ende 2021 amtierenden Bundesregierung aus SPD, Grünen und FDP, »die öffentliche Auseinandersetzung mit dem Kolonialismus und seinen Folgen zu fördern«, erklärte dazu die Grünen-Politikerin Katja Keul. Sie ist die im Auswärtigen Amt für internationale Kultur zuständige Staatsministerin. In der Ausstellung sollen kulturelle Verflechtungen und koloniale Unterdrückung gezeigt werden. Nachdem sie eine zeitlang in Deutschland dem Publikum präsentiert wird, sollen die Sammlungen dann in Tansania zu sehen sein.[152]

Afrikanische Historiker wie Oswald Masebo weisen in diesem Zusammenhang darauf hin, dass ein großer Teil des kulturellen und nationalen Erbes Tansanias geplündert wurde und in deutschen Museen gelagert wird. Das hat auch Auswirkungen auf die jüngere Generation des Landes, die keinen Zugang zu Artefakten hat, welche für die eigene Geschichte von großer Bedeutung sind.[153]

Anfang des Jahres 2023 sind im Humboldt Forum viele leere Vitrinen und Schautafeln zu sehen, die über die Kolonialgeschichte in Tansania aufklären. Sie bereiten Besucher auf das vor, was noch kommen soll. Zu diesem Zeitpunkt war noch nicht klar, ob es eine Genehmigung von tansanischer Seite gibt, die Objekte künftig zu zeigen. Nach Aussage der Kuratorin Maike Schimanowski sei die Ausstellung in diesem Zustand bestenfalls lediglich ein Zwischenstand.[154]

»Wir haben uns zunächst – ohne Beteiligung des National Museum of Tansania, aber begleitet von ›Critical Companions‹ aus Deutschland und Tansania – für eine Werkstattausstellung ›Leerstellen. Ausstellen‹ entschieden, weil wir bestimmte Dinge in der Ausstellung erst in der Zusammenarbeit mit den Kolleginnen und Kollegen aus Tansania füllen können«, sagt mir Maike Schimanowski Anfang 2023 im Online-Interview. Die Präsentation und Repräsentation von Objekten aus der sogenannten Ostafrika-Sammlung solle nur mit Einverständnis des tansanischen Nationalmuseums beziehungsweise von deren Kontaktpersonen in den Gemeinschaften in Tansania möglich sein. »Wir positionieren uns auch kritisch zu dem Ort, in dem wir ausstellen, der eine rekonstruierte historische Fassade des Berliner Schlosses hat. Wir vergleichen etwa die Debatte um Straßenumbenennungen, die in Deutschland sehr aktuell und in Tansania mehr als 60 Jahre alt ist. Dabei sollen auch Schulklassen einbezogen werden, und es sollen die deutsche und die tansanische Zivilgesellschaft zu Wort kommen«, betont Maike Schimanowski.

Im Humboldt Forum kann man einen Aktenordner einsehen, in dem die Gegenstände aus Tansania beschrieben und teilweise abgebildet worden sind, die sich im Besitz des Berliner Ethnologischen Museums befinden. Bei einigen liegt bereits aufgrund der Jahreszahl 1907 und der Region im Südosten Tansanias, aus der sie stammen, nahe, dass diese Objekte von den Kolonialtruppen während des Maji-Maji-Krieges geraubt worden sind. Darunter befinden sich etwa Keramikgefäße, Masken und menschliche Skulpturen. Die Maji-Maji-Kriegsbeute und die Beute aus weiteren Kriegen sollen restituiert werden. Einer möglichen Eigentumsübertragung der Objekte hat der Stiftungsrat der Stiftung Preußischer Kulturbesitz bereits zugestimmt.

Inzwischen ist erforscht, dass während des Krieges Objekte von den Deutschen erbeutet wurden, die insgesamt ein Gewicht von 1914 Kilogramm hatten und dann im Jahr 1907 von der Kolonialverwaltung dem Berliner Museum für Völkerkunde übersandt wurden. Darunter waren auch viele Pfeile, Bögen, Speere und Trommeln. An den Gewehren, die auf tansanischer Seite gegen die Kolonialtruppen zum Einsatz kamen, hatten die Ethnologen im Kaiserreich hingegen kein Interesse. Der Einsatz moderner Waffen widersprach dem »primitiven« Bild, das man den Deutschen von den Menschen vermitteln wollte, die in den Kolonien lebten. Inzwischen sind nur noch 32 Objektnummern übrig, die sich in den Beständen des Ethnologischen Museums befanden.

Die Ausstellungsmacher im Humboldt Forum erwähnen in diesem Zusammenhang auch eine Tasche mit 96 medizinischen Objekten, die einmal einem Heiler im Süden von Tansania gehört hat. Unklar ist, ob sie dem berühmten Widerstandskämpfer und Anführer Kinjikitile Ngwale gehört hat, der den Glauben an die Kraft des Maji verbreitet hatte. Sicher ist aber, dass die Tasche am Ort der Exekution von Kinjikitile, in Mohoro, im Jahr 1905 in deutschen Besitz gekommen ist. Er war dort am 4. oder 5. August gehängt worden. Das Museum für Völkerkunde nahm die Tasche in ihren Katalog auf und ignorierte ihre Bedeutung für viele Menschen in Ostafrika. Sie wurde von den Deutschen abschätzig als »Sack aus Tierhaut mit den Utensilien eines Zauberers« bezeichnet.

Die früheren Ausstellungen des Ethnologischen Museums dienten nicht dazu, ihrem Publikum die Kultur und die Lebensweise von Menschen in weit entfernten Ländern näherzubringen, sondern sie transportierten kolonial-rassistische Bilder über Gesellschaften, die angeblich keine historische Entwicklung durchgemacht hatten und unveränderlich seien. Was nicht in dieses Bild passte, nämlich die Luxusgüter der reicheren Ostafrikaner wie Spiegel oder feine Textilien aus Asien, wurde deswegen nicht in das Museumsdepot aufgenommen. Eine Reihe von Objekten wird nie wieder auffindbar sein. Als die Deutschen nach dem Ersten Weltkrieg ihre Kolonie in

Ostafrika aufgeben mussten, zerstörten sie einige Archive der Kolonialverwaltung.

Bei der Ausstellung, die im Herbst 2024 eröffnet werden soll, wollen die Kuratorinnen auch mit dem Vorurteil aufräumen, wonach der afrikanische Kontinent vor der Kolonialisierung »unterentwickelt« gewesen sei. »Es gab afrikanische Küstenstädte am Indischen Ozean, die bereits um die erste Jahrtausendwende eine große Bedeutung hatten, während Berlin noch sehr klein war«, sagt mir die Sozial- und Kulturanthropologin Paola Ivanov. Der Indische Ozean sei ein freier und friedlicher Markt gewesen, bis die Portugiesen mit ihren Kanonen kamen. »Zum Beispiel war Kilwa im Süden von Tansania schon sehr weit entwickelt und in ein Handels- sowie ein religiöses Netzwerk eingebettet. Man kann diese Netzwerke an der Küste nicht von den Strukturen trennen, die es im Landesinnern gab, wo etwa die Metallurgie weit fortgeschritten war. Auch davon ausgehend wollen wir Tansanias Rolle als Akteur in der Weltgeschichte beleuchten«, erklärt Paola Ivanov.

Auch die Kolonialzeit soll in der Ausstellung thematisiert werden. »Die deutsche Kolonisierung war auch eine Abfolge von militärischen Expeditionen. Das wird ein zentraler Punkt der Ausstellung sein. Auch weil viele Objekte der sogenannten Sammlung daher stammen«, sagt Paola Ivanov. Noch unklar sei, ob in der Ausstellung in Bezug auf den Maji-Maji-Krieg von einem Genozid gesprochen wird. Das müsse noch mit der tansanischen Seite besprochen werden, erklärt Maike Schimanowski. »Die deutsche Kolonialarmee hat eine Strategie der verbrannten Erde umgesetzt, und wir sprechen in der Leerstellen-Ausstellung von 300.000 Menschenopfern, die durch den Krieg oder an dessen direkten Folgen gestorben sind.« Das sind die Zahlen, die auch tansanische Historiker nennen. »Wir können sicher sagen, dass Teile der Bevölkerung im Süden von Tansania durch die Strategie der verbrannten Erde gezielt vernichtet wurden«, ergänzt Paola Ivanov.

Bund, Länder und Kommunen haben sich im Jahr 2019 darauf geeinigt, dass auch menschliche Überreste aus kolonialen Kontexten zurückgegeben werden müssen. Denn bei der Rückgabedebatte geht es nicht nur um Kunstwerke. Während der Kolonialzeit wurden außerdem kistenweise Schädel, Gebeine, Haare, Organe und Häute von toten Afrikanern nach Deutschland verschifft und dort von sogenannten Rassenforschern gesammelt und untersucht. Der Botschafter Abdallah Possi und Vertreter der tansanischen Regierung fordern schon seit Jahren die Bundesregierung, die Bundesländer und die Stiftung Preußischer Kulturbesitz zur Rückgabe von Köpfen, Skeletten und anderen Körperteilen auf, die während der Kolonialzeit entwendet wurden.[155]

Verstärkt wurde die Debatte in Teilen des afrikanischen Kontinents und in Europa durch eine Ankündigung des französischen Präsidenten Emmanuel Macron, der erklärt hatte, geraubte Objekte aus den Kolonien zurückgeben zu wollen. Macron hatte den senegalesischen Wirtschaftswissenschaftler und Schriftsteller Felwine Sarr sowie die französische Kunsthistorikerin Bénédicte Savoy damit beauftragt, einen Restitutionsreport zu erstellen. Der Bericht wurde im November 2018 im französischen Original veröffentlicht. Darin empfehlen die Autoren die sofortige und bedingungslose Rückgabe aller Objekte, die bei militärischen Aktionen erbeutet wurden. Macron hatte zumindest angekündigt, diesen Forderungen zu folgen. Seitdem stehen auch deutsche Museen stärker unter Druck, ihre Gegenstände zu überprüfen.[156]

Anfang 2023 kündigte die Stiftung Preußischer Kulturbesitz an, dass mehr als 1.000 menschliche Schädel aus der ehemaligen Kolonie Deutsch-Ostafrika in ihre Heimat zurückkehren könnten. »Wir sind zur sofortigen Rückgabe bereit und warten jetzt auf Signale aus den Herkunftsländern«, sagte Stiftungspräsident Hermann Parzinger. Wissenschaftler aus Deutschland und Ruanda hatten die Herkunft von 1.135 Schädeln unter die Lupe genommen. 904 dieser Schädel wurden Gebieten im heutigen Ruanda zugeordnet, 202 Tansania und 22 Kenia. Die große Mehrheit der Schädel stammt von Bestattungsplätzen. In vereinzelten Fällen seien auch Hinrichtungen durch Deutsche nachweisbar. Die menschlichen Überreste gehören zu der anthropologischen Sammlung von rund 7.700 Schädeln, die die Stiftung Preußischer Kulturbesitz im Jahr 2011 von der Berliner Charité übernommen hatte.[157]

Dass in diesem Bereich etwas passiert, ist auch ein Erfolg für Aktivisten in Deutschland und Tansania, die viele Jahre nach dem Ende der Kolonialzeit endlich für mehr Gerechtigkeit sorgen wollen. Einer ihrer Wortführer ist Mnyaka Sururu Mboro. Er wurde in Tansania geboren, wuchs dort auf, kam 1978 zum Studium nach Deutschland, ist Ingenieur und lebt inzwischen in Berlin. Gemeinsam mit anderen Mitstreitern hat er im Jahr 2007 den Verein »Berlin Postkolonial« gegründet. Diese Gruppe protestierte unter anderem gegen einen geschichtsvergessenen Umgang mit der Kolonialzeit in Deutschland und fordert die Rückgabe von Kunst, Schädeln und Gebeinen.

Mnyaka Sururu Mboro hat dazu beigetragen, dass in Deutschland ein Bewusstsein dafür wächst, dass die Rückgabe der Schädel viel mehr als nur eine symbolische Geste ist. Denn ohne Kopf ist es nicht möglich, die Menschen nach den traditionellen Ritualen zu bestatten, nach denen viele Einwohner von Tansania leben. Nach der Tradition des Volkes der Chagga, das rund um den Kilimandscharo lebt, wird ein Leichnam nach einem Jahr ausgegraben, sein Schädel in ein Tongefäß gelegt und mit Blickrichtung auf den größten afrikanischen Berg im Norden Tansanias erneut bestattet.

Ein Angehöriger der Chagga war Mangi Meli. Er herrschte als Fürst und gilt in seiner Heimat noch immer als Held des antikolonialen Widerstandes. Denn Mangi Meli weigerte sich, die Hüttensteuer zu bezahlen, welche die Deutschen einforderten. Er erzielte einige militärische Erfolge und versuchte sich seitdem, mit den Besatzern zu arrangieren. Doch diese witterten unter den Chagga eine erneute Verschwörung. Mangi Meli wurde am 2. März 1900 in Moshi gemeinsam mit weiteren afrikanischen Fürsten von den Kolonialisten erhängt. Die Mörder trennten den Kopf von den Fleischresten und verschickten den Schädel in das Deutsche Kaiserreich. Einige Chagga fürchten, dass Dürren, Plagen und Krankheiten in Verbindung damit stehen, dass ihr früherer Fürst nicht nach den traditionellen Riten beerdigt werden konnte. Doch der Kopf ist noch immer nicht aufgetaucht.

Mnyaka Sururu Mboro, der aus derselben Gegend stammt wie der berühmte Widerstandskämpfer, ist weiterhin auf der Suche nach dem Schädel. Der heutige Aktivist hat einst seiner Oma versprochen, ihn zurückzubringen, als er sich auf den Weg nach Deutschland machte.[158]

Auch wenn noch vieles aufgeklärt werden muss, wird in Deutschland langsam ein anderer Umgang mit der kolonialen Vergangenheit sichtbar. Allerdings handelt es sich dabei in erster Linie um Symbolpolitik, und Deutschland bleibt bei der Prämisse, dass die Kosten gering gehalten werden sollen. Deswegen werden die Begriffe Kriegsverbrechen und Völkermord im Zusammenhang mit dem Maji-Maji-Krieg möglichst gemieden. Zwar sind diese Verbrechen mehr als 100 Jahre her, aber sie haben bleibende Spuren hinterlassen. Über Generationen hat sich ein Bild in den Köpfen vieler Menschen Westeuropas eingeprägt, dass schwarze Menschen minderwertig seien. Sie erfahren unter anderem in Deutschland alltäglich Rassismus und Diskriminierungen. Aber auch in den früheren Kolonien selbst hatte die Herrschaft der Europäer, die immer behauptet hatten, sie seien auf dem Kontinent, um »Fortschritt« zu bringen und den »Segen der Zivilisation« zu verbreiten, verheerende Folgen.

4.
Erinnern in Tansania

4.1.
Antikolonialer Widerstand und Maji-Maji-Krieg im nationalen Gedächtnis

Es ist Anfang Februar 2023. Jenseits der asphaltierten Straßen in Dar es Salaam fahren Autos im Schritttempo auf Sandwegen durch die Stadt. Hühner picken Körner am Straßenrand auf und ihre Besitzer suchen während der Mittagshitze Schutz im Schatten der wenigen Bäume. Hinter Mauern stehen weiß gestrichene Häuser. In einem dieser Anwesen befindet sich das Regionalbüro der Rosa-Luxemburg-Stiftung für Tansania, Kenia, Ruanda und Uganda. Die Stiftung, die der deutschen Linkspartei nahesteht, unterstützt Projekte wie die Übersetzung des »Kapitals« von Karl Marx in die Sprache Kiswahili, die nicht nur in Tansania, sondern auch in anderen afrikanischen Staaten wie Kenia, Uganda, der Demokratischen Republik Kongo, Ruanda, Burundi, Somalia, Mosambik und Malawi gesprochen wird.

Das ist politisch brisanter, als es auf den ersten Blick klingt. Denn der Übersetzer, der tansanische Soziologe Joachim Mwami, hat im Unterschied zu vielen seiner Landsleute einen kritischen Blick auf die politischen und ökonomischen Verhältnisse in seinem Heimatland sowie auf den früheren Präsidenten Julius Nyerere und seine Nachfolger. Joachim Mwami wirft dem tansanischen Staatsgründer vor, »kein wissenschaftliches Verständnis von Kapitalismus, Unterdrückung und Ausbeutung« gehabt zu haben. Auch daran sei der Sozialismus in Tansania gescheitert. Joachim Mwami und andere marxistische Wissenschaftler wollen Basisarbeit leisten. Sie fahren in die Dörfer und sprechen dort mit Arbeitenden über Unterdrückungsverhältnisse. Das ist nicht ungefährlich in dem Land, das zunehmend autoritär regiert wird. Einige Organisationen hätten bereits die Zusammenarbeit mit ihnen eingestellt, weil sie politische Repressalien fürchteten, so Mwami in einem Interview zu Beginn des Jahres 2022.[159]

Wir nehmen in einem Sitzungsraum der Stiftung Platz und reden mit den tansanischen wissenschaftlichen Mitarbeitern über die koloniale Vergangenheit, Identitäten und den Maji-Maji-Krieg. Aus ihrer Sicht braucht es heutzutage wieder mutige Menschen wie im damaligen Befreiungskrieg, um die Politik des Landes zu verändern. Schnell fällt der Name des Heilers Kinjikitile. »Er war ein Held«, sagt Joan Leon. Ihr Kollege Boniface Kamara stimmt ihr zu. »Denn Kinjikitile war ein Mann, der andere sammeln und führen konnte. Außerdem hatte er den Mut, den deutschen Kolonialismus zu bekämpfen. Kinjikitile hatte ein großes Organisations- und Kommunikationstalent.« Als Heldengestalt sei Kinjikitile aber nicht vergleichbar mit den anderen Helden der Unabhängigkeit in den 1960er Jahren wie Julius Nyerere oder dem späteren Außenminister Oscar Kambona, sagt Boniface Kamara.

Mussa Billegeya, der ebenfalls für die Stiftung arbeitet, bezeichnet Kinjikitile im Vergleich mit diesen späteren tansanischen Politikern als »vergessenen Helden«. Dass sich immer weniger Menschen an den Heiler und Mitbegründer der Maji-Maji-Bewegung erinnerten, sei kein Zufall, sondern Ergebnis der tansanischen Politik seit der Unabhängigkeit des Staates. »Es steckte Absicht dahinter, dass die lokalen Helden nicht so stark im Vordergrund stehen im Unterschied zu den späteren Helden der Unabhängigkeit, die zur Elite gehörten, Englisch sprachen und es viel einfacher hatten, miteinander zu kommunizieren«, erläutert Mussa Billegeya.

Alle Überlieferungen zeigten, dass Kinjikitile ein Mann des Volkes gewesen sei. Die späteren Helden der Unabhängigkeit operierten hingegen auf der Basis eines Systems, das die Kolonialisten geschaffen hatten. »Sie wollten dieses System modifizieren und selber übernehmen«, konstatiert Mussa Billegeya. Nyerere und seine Mitstreiter benutzten dieselben Begriffe, die schon die Kolonialmacht etabliert hatte. Selbst der Name des Staates Tanganjika stammte noch von den Briten, die das einst deutsche Kolonialgebiet nach dem Ersten Weltkrieg übernommen hatten. Der damalige britische Kolonialminister Alfred Milner wollte nämlich einen Namen, der einen stärkeren Lokalbezug hatte. Der zweitgrößte See in Afrika, der zwischen Tansania, Sambia, Burundi und der Demokratischen Republik Kongo liegt, trägt den Namen Tanganjikasee. Am 9. Juni 1962 war dann die Republik Tanganjika gegründet worden, die 1964 mit dem Inselstaat Sansibar fusionierte und am 1. November 1964 den Namen Vereinigte Republik Tansania erhielt.

Wie schon zu Kolonialzeiten sollte es nach der Unabhängigkeit in dem ostafrikanischen Land nach dem Willen von Nyerere eine Regierung und Gouverneure geben. Und die Grenzen von Tanganjika sollten beibehalten werden, obwohl die Grenzziehungen durch die Europäer willkürlich waren. Dadurch wurden etwa ethnische Gruppen wie die Massai, die in Kenia und in Tansania leben, sowie ihre Familien voneinander getrennt. Überraschend ist das im Rückblick nicht. »Denn den Kolonialisten ging es ausschließlich darum, die Gebiete auszubeuten und darum, sich Ressourcen zu sichern. Sie verfolgten nicht das Ziel, eines Tages Nationen auf dem afrikanischen Kontinent zu gründen«, resümiert Mussa Billegeya. Aus seiner Sicht war es ein Fehler, dass diese Grenzziehungen nach der tansanischen Unabhängigkeit nicht in Frage gestellt wurden.

Im Prozess der tansanischen Nationenwerdung standen Geschichten von nationalen Helden im Zentrum, die für die Unabhängigkeit gekämpft hatten. Die tansanische Regierung wollte nämlich verhindern, dass es zu Spannungen zwischen den mehr als 120 verschiedenen ethnischen Gruppen im Land kommt. Niemand sollte dem anderen vorwerfen, sich zu wenig gegen die Kolonialisten gewehrt oder gar mit ihnen kollaboriert zu haben. »Die Frage war deswegen in den 1960er Jahren rückblickend nicht, wer für seine Ethnie etwas getan hat, sondern für die künftige Nation«, sagt Mussa Billegeya. Dies sei auch ein Grund, warum das Wissen vieler Menschen über den Maji-Maji-Krieg in Tansania, einmal abgesehen von denjenigen, die sich an einer Universität mit dem Thema beschäftigten, eher oberflächlich sei. In den 1950er und 1960er Jahren überwog in der Rhetorik von Führungspolitikern der TANU der Stolz auf die Widerstandsbewegung gegen die deutsche Kolonialherrschaft. Es wurde weniger die Opferrolle betont, sondern vielmehr der heroische Unabhängigkeitskampf. Viele Menschen wollten lieber sterben, als weiter unter der Knechtschaft der Kolonialisten leben zu müssen, hieß es.

Einige Jahrzehnte zuvor, als die Menschen im Süden der Kolonie unter der Hungersnot litten, die auf den Maji-Maji-Krieg folgte, hatten einige von ihnen einen anderen Blick auf den Befreiungskampf. Es gibt Belege dafür, dass Einwohner der Region die Bewegung wegen deren Niederlage und der hohen Todeszahlen als diskreditiert ansahen. Noch lange nach dem Krieg wurden Ngindo und Matumbi, die sehr viele Maji-Maji-Kämpfer gestellt hatten, als Unruhestifter angesehen. Viele Ngindo traten nach dem Ende des Krieges zum Islam über, auch um ihre ethnische Zugehörigkeit zu negieren.[160]

Im Süden Tansanias mussten Nyerere und die TANU noch Überzeugungsarbeit leisten, damit auch dort ihr Kampf um Unabhängigkeit unterstützt wurde, der sich gegen die britische Herrschaft richtete. Denn viele ältere Menschen in dieser Region fürchteten auch Jahrzehnte nach der deutschen Vernichtungspolitik noch immer die Maßnahmen der Europäer, wenn sich die Afrikaner erneut gegen sie wehren sollten. Die tansanische Befreiungsbewegung war offensichtlich sehr erfolgreich, diese Menschen vom Gegenteil zu überzeugen. Denn sie erzielte später auch im Süden sehr gute Wahlergebnisse.[161]

Es sollte einige Zeit vergehen, bis auch die Maji-Maji-Bewegung wieder einen positiven Ruf in Ostafrika genoss. Julius Nyerere hatte daran einen großen Anteil. Er trat als Präsident der Bewegung

TANU bereits einige Jahre vor der Unabhängigkeit seines Landes vor den Vereinten Nationen auf. Dort erklärte er am 20. Dezember 1956: »Die Menschen kämpften, weil sie nicht an das Recht der Weißen glaubten, die Schwarzen zu regieren und zu zivilisieren. So entstand eine große Bewegung. Es ist wichtig, das im Hinterkopf zu haben, auch um das Wesen einer Nationalbewegung wie der TANU verstehen zu können.«[162] Nyerere bewertete den gemeinsamen Freiheitskampf vieler ostafrikanischer Völker sowohl als Vorläufer der späteren TANU-Unabhängigkeitsbewegung als auch als Grundlage für das tansanische Nationalgefühl. Dieses sollte den Vielvölkerstaat nach der Unabhängigkeit von Großbritannien zusammenhalten. Der tansanische Historiker Oswald Masebo sieht deswegen in dem Maji-Maji-Krieg ein Narrativ der tansanischen Staatsgründung. Beim Gedenken an den Kampf gegen die Kolonialherrschaft ging es Nyerere allerdings nicht nur um den Maji-Maji-Krieg, sondern auch um Erhebungen in anderen Teilen der Kolonie.

Vor und während der Kolonialzeit wussten die Menschen in Tansania noch nicht, dass sie einmal Teil einer gemeinsamen Nation werden sollten. Es gab unterschiedliche Gruppen, die aus unterschiedlichen Gründen Widerstand gegen die Kolonisatoren leisteten. Sie wurden von der TANU und Nyerere geeint und sollten auch mit denjenigen friedlich zusammenleben, deren Vorfahren oder sie selber nicht aus Afrika stammten. »Wir müssen eine Gesellschaft errichten, in der wir alle zu Ostafrika gehören und nicht zu unseren ethnischen Gruppen«, erklärte Nyerere als junger Mann im Jahr 1951 seine Vision vom künftigen Staat Tanganjika, der dann zur Vereinigten Republik Tansania wurde. »Wir rufen alle zum Denken fähige Europäer und Inder dazu auf, sich als normale Bürger von Tanganjika zu betrachten. Wir sind alle Einwohner von Tanganjika und wir sind alle Ostafrikaner.« So steht es auf einer Schautafel im tansanischen Nationalmuseum in Dar es Salaam.

Nyerere entmachtete nach der Unabhängigkeit von Tansania lokale Chiefs und setzte Kiswahili als Nationalsprache durch. Dies sollte das tansanische Nationalgefühl stärken. Dafür wurden die lokalen Identitäten und Traditionen, die Sprache und der Glauben dieser Menschen von den Regierungen unter Nyerere zurückgedrängt. Trotzdem haben einige Traditionen und sogar regionale Führungsstrukturen in dem Land überlebt, wenn sich ihre Vertreter mit der Regierung arrangierten. Möglicherweise hat dieses Vorgehen von Nyerere auch dazu geführt, dass in Tansania keine Vertreter von ethnischen Gruppen eigene Interessensorganisationen etabliert haben, die als Nachkommen der Opfer des deutschen Völkermordes eine angemessene Entschädigung fordern, wie es die Herero und Nama in Namibia getan haben.

Diese Politik Nyereres hatte einerseits positive Auswirkungen. »Heutzutage macht man lediglich manchmal Scherze über die Herkunft von Freunden oder Kollegen, weil die verschiedenen ethnischen Gruppen, denen sie angehören, auch ein bestimmtes Image haben«, sagt Joan Leon von der Rosa-Luxemburg-Stiftung. Also nichts Ernstes. Es gibt keine großen Konflikte zwischen ihnen. Nyerere ist es gelungen, ein Zusammengehörigkeitsgefühl der Tansanier herzustellen, das im 21. Jahrhundert nach wie vor weitgehend intakt ist. Tatsächlich litt das Land, abgesehen von den immer wieder aufflammenden Unabhängigkeitsbestrebungen auf Sansibar, im Unterschied zu vielen anderen afrikanischen Nationen seit seinem Bestehen nicht an inneren sogenannten ethnischen Konflikten. Trotz der großen Armut wissen die Tansanier um den großen Wert des Friedens und der Einheit.

Allerdings hat die kulturelle Entwurzelung vieler Menschen die Grundlage dafür geschaffen, dass in Teilen der ostafrikanischen Gesellschaft eine rasante Verwestlichung stattfindet. Es wurde ein Anpassungsprozess in Gang gesetzt, der nun auf einer anderen Ebene seine Fortsetzung findet. »Viele Eltern wollen, dass ihre Kinder perfekt Englisch sprechen. Denn das ist die Zukunft und nicht Kiswahili oder eine andere traditionelle Sprache«, sagt Joans Kollege Boniface Kamara. Immer mehr tansanische Kinder und Jugendliche würden zu Popmusik oder RnB tanzen. »Diejenigen, die mit traditionellen Tänzen etwas anfangen können, werden immer weniger.«

Auch afrikanische Namen geraten aus der Mode und es gibt schon lange einen Trend, seinen Kindern Namen zu geben, die auch in Europa populär sind.

Bereits im Konflikt mit der einstigen deutschen Kolonialmacht ging es um Identitäten. Das Kaiserreich hatte nicht nur dafür gesorgt, dass deutsche Siedler in das Land kamen – 1913 waren es etwas weniger als 900 Farmer und Pflanzer in Ostafrika –, sondern auch Orte, Städte, Straßen und Plätze umbenannt. Wer zu Beginn des 20. Jahrhunderts durch Dar es Salaam ging, orientierte sich unter anderem an Straßen, deren Namensgeber für immer mit den deutschen Kolonialverbrechen in Verbindung stehen werden: Robert Koch, Eduard von Liebert und Kaiser Wilhelm II. Sie sind vor allem durch afrikanische Namen ersetzt worden.

Der Historiker Oswald Masebo vertritt die These, dass das Kaiserreich seine Kolonie nicht nur ausbeuten, sondern auch kulturell dominieren wollte. »Die Idee war, der Region eine deutsche Identität zu geben und die deutsche Kultur zu etablieren«, sagt Masebo. »Die Identität der heutigen Tansanier sollte gleichzeitig ausgelöscht werden.« Die von den Deutschen errichteten Schulen und Missionsstationen sowie der Polizei- und Militärapparat haben einen großen Beitrag zu diesem Vorhaben geleistet.[163]

Anders als in Namibia, wo im Jahr 2011 noch 20.000 Menschen Deutsch als Muttersprache angaben, gibt es in Tansania keine bedeutende Gemeinschaft von Deutschstämmigen mehr, deren Geschichte in der Kolonialzeit wurzelt. Allerdings hat es lange gedauert, bis die Tansanier auch den Kaiser endgültig loswurden. Der Kilimandscharo liegt im Norden des Landes, ist der höchste Berg Afrikas und in Tansania auch deswegen omnipräsent, weil eine bekannte Getränkemarke nach ihm benannt wurde. Der Gipfel des Berges hieß noch bis zum Jahr 1964 Kaiser-Wilhelm-Spitze beziehungsweise Wilhelmskuppe. So wurde er von seinem Besteiger Hans Meyer getauft. In der nationalistischen Propaganda des Kaiserreiches wurde der Kilimandscharo als »der höchste Berg Deutschlands« bezeichnet. Erst nach der Unabhängigkeit Tanganjikas von den Briten erfolgte die Umbenennung. Die Regierung des afrikanischen Staates entschied sich für den Begriff »Uhuru«, was übersetzt »Freiheit« bedeutet.

Das nationale Erbe und lokale Identitäten scheinen in Tansania, wie in vielen anderen Ländern der Welt im 21. Jahrhundert, eine immer geringere Rolle zu spielen. Gegen den Trend im Land betonen ältere Menschen, Historiker und Politiker in Tansania noch, was als bewahrenswert gilt. Dies gilt auch für die Erinnerung an den Maji-Maji-Krieg. Das Geschehene rückt, zeitlich gesehen, in immer weitere Ferne und es dürfte mit fortschreitender Zeit schwieriger werden, die Erinnerung daran wachzuhalten. Während meiner Gespräche mit Tansaniern über die Kolonialzeit wurde mir oft gesagt, dass die Zeit der britischen Herrschaft für viele deutlich präsenter sei als die Periode, in der die Deutschen die Kolonie Ostafrika beherrscht hatten. Das Wissen der jüngeren Generationen ist auch abhängig von den Erzählungen der Eltern, Großeltern und Urgroßeltern.

In früheren Zeiten hatten sich unter anderem Künstler, Dichter und Schriftsteller in Tansania mit der Maji-Maji-Bewegung auseinandergesetzt. Wenige Jahre nach Ende des Krieges verfasste der Autor Abdul Karim ein Heldenepos über den Befreiungskrieg. Dieses »utenzi« umfasst 334 Strophen. Nach der Unabhängigkeit entstanden in den 1960er und 1970er Jahren in Tansania weitere Dramen und Gedichte über den Krieg sowie über den Heiler Kinjikitile.[164] Nicht wenige waren romantische Heldengeschichten.

Das wohl bedeutendste literarische Werk zu diesem Thema schrieb Ebrahim Hussein im Jahr 1969. Es war das erste Theaterstück des Mannes, der zwischenzeitlich in der DDR an der Berliner Humboldt-Universität studiert und dort in Theaterwissenschaft promoviert hatte. Das Stück trug den Titel »Kinjikitile«. Ebrahim Hussein schrieb auf Kiswahili. Der historische Kinjikitile hatte den bewaffneten Widerstand gegen die kolonialen Herrscher organisiert. Dagegen ist der Heiler und Verteiler des Maji in Husseins Theaterstück eine gespaltene Person. Kinjikitile sträubt sich gegen

Gewaltanwendung und will zunächst die Einheit der Ostafrikaner herstellen. Der Kampf gegen die Deutschen wird ohne seine Zustimmung und ohne seinen Befehl begonnen und geführt. Für den Heiler hat das Maji nur eine symbolische Bedeutung. Doch das wird von seinen Anhängern nicht erkannt und sie vertrauen auf die angeblich magische Kraft des Wassers.[165]

Der Inhalt des Werks von Hussein ist aber nicht rein fiktional, sondern viele Passagen basieren auf den Forschungen von tansanischen Historikern wie Gilbert Gwassa. Realitätsnah sind etwa die Dialoge zum deutschen Ausbeutungssystem auf den Plantagen. In dem Stück müssen die Frauen die Rolle als Ernährerinnen für ihre Familien übernehmen. Denn ihre Männer werden dazu gezwungen, für die weißen Plantagenbesitzer zu schuften. Darüber unterhalten sich die zwei Frauen der Hauptcharaktere Kinjikitile und Kitunda. Hier der entsprechende Auszug aus dem Theaterstück:

> *Bibi Kinjikitile:* Die Plantage von Bwana Kinoo (Herr Schleifstein, Spitzname für den deutschen Plantagenbesitzer) wird jeden Tag größer.
>
> *Bibi Kitunda:* Die Arbeit hat für uns keinen Nutzen. Unsere Männer arbeiten viel, aber sie erhalten nichts dafür. Wir haben zu Hause nicht einmal etwas zu essen. Wenn mein Mann von der Plantage heimkehrt, kann ich ihm nichts zubereiten. Ich habe sogar nach Wurzeln gesucht, aber keine gefunden. Außerdem sind einige dieser Wurzeln sehr giftig. Der Sohn von Bibi Bobali ist gestorben, nachdem er eine gegessen hat.
>
> *Bibi Kinjikitile:* Ich weiß. Alle Männer arbeiten auf der Plantage von Bwana Kinoo und nicht auf ihren eigenen Feldern.
>
> *Bibi Kitunda:* Was Du sagst, ist die Wahrheit. Alle Männer verbringen ihre gesamte Zeit, um für Bwana Kinoo die Felder zu bestellen und tun es nicht für sich selber.

Kinjikitile tritt in diesem Stück als Redner auf, der seine Anhänger mit poetischen Sätzen in seinen Bann zieht, und zur Einheit der Unterdrückten aufruft. Hussein lässt ihn die Worte sprechen: »Erblickt den Sonnenaufgang. Die Sonnenstrahlen scheinen durch die Wolken, Rauch und Nebel. Seht, die Strahlen machen eure Augen frei von diesem Nebel, der die Brüder und die Völker voreinander versteckt hat. Früher herrschten Dunkelheit und Kälte. Wir waren eine kleine und isolierte Gruppe von Menschen. Nun ist die Sonne aufgegangen. Sie wird uns mit Wärme und Liebe erfüllen. Es wird Liebe zwischen den Völkern herrschen. Und wir werden uns befreien. Wir werden unsere Hand ausstrecken, wir werden wachsen und wir werden uns vereinen.«

Vereinigendes Element ist das Wasser, das Maji. »Dieses Wasser habe ich euch gebracht«, sagt Kinjikitile in dem Stück. »Dieses Wasser wird die Wurzeln der Liebe und der Zuneigung vereinen. Die Wurzeln werden wachsen. Sie sind das Band unserer Bruderschaft. Wir werden ein Volk sein. Maji!« Allerdings wachsen in Kinjikitile auch die Sorgen, dass der Befreiungskampf in einem System des Neoimperialismus enden kann, in dem neue Abhängigkeiten entstehen. »Bringt nicht das Licht herein«, ruft der Heiler auf einmal. »Das Licht sollte kommen, um die Dunkelheit zu vertreiben. Doch nun weiß ich es besser. Nun weiß ich, dass das Licht sehr viel gefährlicher ist. Es ist besser, wenn wir in der Dunkelheit bleiben. Ich bevorzuge die Versklavung des Körpers anstatt einer Versklavung des Geistes, die uns das Licht bringen wird.« Geradezu prophetisch sagt Hussein hier im Unterschied zu allen Optimisten nach der tansanischen Unabhängigkeit neue Formen der Unterdrückung voraus, unter denen der Globale Süden heute tatsächlich leidet.

Trotz der Bedenken von Kinjikitile bricht der Krieg aus. Er wird von Hussein auch als Kampf dargestellt, in dem hemmungslos Gewalt angewendet wird. Die Rachegefühle der Maji-Maji-Krieger werden von Kitunda beschrieben, der ein Weggefährte von Kinjikitile ist: »Ich weiß nicht genau, was passiert ist. Auf einmal wollten wir Blut sehen, wir wollten töten, wir wollten zerstören. Wir haben nicht nachgedacht, aber wir waren auf einmal erfüllt von einem Rachegefühl. Wir wollten uns für alles rächen, was uns an Schaden zugefügt wurde. Wir wollten töten, wie sie uns getötet haben. Ich kann mich nicht erinnern, irgendwelche Befehle zum Angriff gegeben zu haben. Aber zwei junge Männer, Ngulumbalyo Mandai und Lindimyo Machela, machten sich auf zur Plantage von Bwana Kinoo und zerstörten sie vollständig. Sie fällten die Bäume mit derselben Gewalt, mit der die Deutschen die schwarze Haut geprügelt hatten. Und mit jedem Schlag, den sie ausführten, wussten sie, es würden nicht nur die Baumwollbäume sein, die sie zerschlugen, sondern auch die Deutschen. Wir waren voller Hass und Wut. Und so begann der Krieg.«[166]

Das Stück von Hussein war ein Meilenstein bei der Entwicklung des tansanischen Theaters und der Autor galt auch in den folgenden Jahrzehnten als einer der wichtigsten Literaten des Landes. Seit 2014 ist ein Preis in Tansania nach ihm benannt, den Gewinner eines Lyrik-Wettbewerbs erhalten.

Der Widerstand gegen die Kolonialherrschaft ist auch viele Jahre nach der Unabhängigkeit ein beliebtes Motiv für tansanische Kulturschaffende. Sie beziehen sich dabei nicht nur auf den Maji-Maji-Krieg. Im Jahr 2011 erschien ein Dokumentarfilm über Chief Mkwawa. Darüber berichtete auch die tansanische Zeitung *Daily News*. Der Film mit dem Titel »Mkwawa – Held der Helden« sei vor vollem Haus im New World Cinema in Dar es Salaam zum ersten Mal der Öffentlichkeit präsentiert worden, schrieb die Zeitung im Dezember 2011.[167]

Der Film handelt vom Widerstand der Hehe unter Führung von Mkwawa gegen die deutsche Kolonialherrschaft und endet mit der Rückgabe seines Schädels an die damalige britische Kolonie Tanganjika im Jahr 1954. Der Schädel war nach dem Tod von Mkwawa im Jahr 1898 als Trophäe ins Deutsche Reich verschickt worden. Nach der deutschen Niederlage im Ersten Weltkrieg und der Aufteilung Ostafrikas an Briten und Belgier wurde im Versailler Vertrag festgelegt, dass der Schädel des früheren Hehe-Anführers Großbritannien überlassen werden sollte. Erst viele Jahre später wurde er im Bremer Übersee-Museum ausfindig gemacht. Im Beisein von 30.000 jubelnden Hehe überbrachte Sir Edward Twining, damals Gouverneur der britischen Kolonie, am 19. Juni 1954 den Schädel den Afrikanern. Zwar ist nicht genau geklärt, ob es sich um den richtigen Schädel handelt, allerdings ist seine Rückgabe von großer Bedeutung. Denn nur, wenn der Schädel mit begraben wird, kann ein Toter bei den Hehe, ähnlich wie ich es im vorigen Kapitel bei den Chagga beschrieben habe, Ruhe finden. Die Briten brachten den Schädel zurück, weil sie sich die weitere Unterstützung und die Zusammenarbeit mit den Hehe sichern wollten.

Die noch lange nach seinem Tod anhaltende Verehrung in Tansania für Mkwawa lässt sich dadurch erklären, dass er im August 1891 bei Lugalo im Zentrum des heutigen tansanischen Staates mit seinen Kriegern einen legendären Sieg gegen die von den Deutschen befehligten Kolonialtruppen errungen hatte. Die Hehe waren zwar zahlenmäßig überlegen, hatten aber deutlich weniger Feuerwaffen. Sie hatten bereits vor Jahrzehnten ein Reich mit einem zentralisierten Staatswesen und einem hohen Grad an militärischer Organisation gegründet. Im 21. Jahrhundert erinnert nach wie vor ein von den Deutschen errichtetes Denkmal an die Schlacht bei Lugalo, die für sie eine der verlustreichsten in der Kolonialgeschichte war und den Mythos der europäischen Überlegenheit gegenüber den Afrikanern widerlegte. Nicht weit entfernt befindet sich im 21. Jahrhundert die Mkwawa Road, die zur größten Oberschule Tansanias führt, der Mkwawa High School.[168]

Nicht nur wegen seines Sieges bei Lugalo, sondern auch wegen des jahrelangen Kampfes für die Freiheit gilt Mkwawa für viele Menschen in Tansania bis heute als Held. In dem Film über ihn kamen auch bekannte afrikanische Historiker zu Wort, so etwa Abdul Sheriff, Professor an der Universität von Dar es Salaam und früherer Direktor des Nationalmuseums von Sansibar. In dem Film wechseln die Einordnungen von Historikern mit nachgespielten Szenen, die vor allem auf europäischen Quellen beruhen.

Der Film beschäftigt sich nicht nur mit dem Widerstand, sondern auch mit Verrat und Kollaboration. Im Oktober 1896 verbündete sich der Bruder von Mkwawa, Mpangile, mit den Deutschen und wurde von ihnen zum neuen Anführer der Hehe ernannt. Er wurde allerdings bereits im Jahr darauf von den Deutschen hingerichtet, weil sie ihm die anhaltende Unterstützung für Mkwawa vorwarfen.[169]

Der Name von Mkwawa wird wegen seiner Berühmtheit inzwischen auch von großen Unternehmen missbraucht. In der Nähe der Stadt Morogoro weist ein Schild auf eine Tabakfirma mit dem Namen »Mkwawa Leaf Tobacco« hin. Das Unternehmen erklärt auf seiner Website, dass es bei seiner Namensgebung vom einstigen Hehe-Anführer inspiriert wurde. Der Name stamme von Mukwava ab, was wiederum eine Kurzform von Mukwavinyika sei. Er bedeute »Eroberer vieler Länder«.[170]

An die Kolonialgeschichte wird nicht nur in tansanischen Filmen und der Literatur des Landes erinnert. Auch in den Schulen ist es Pflicht, sich damit zu befassen. Die Lehrer der Grund- und Sekundarschulen klären die Kinder über den Maji-Maji-Krieg auf. Der Historiker Oswald Masebo sagt im Gespräch mit mir, dass die Schulkinder schon früh lernen, dass sich der Krieg gegen Ungerechtigkeit, Ausbeutung und die unmenschliche Behandlung von indigenen Gruppen richtete. »Die Maji-Maji-Kämpfer gelten in Tansania als Helden, die sich darum bemüht haben, die Souveränität, den Respekt und die Menschlichkeit zu verteidigen«, erklärt er. Dagegen sind die Deutschen, historisch gesehen, die Aggressoren und Kolonialisten. »Sie waren Menschen, die nicht hierher gehörten und deren Herrschaft keine Legitimation hatte«, sagt Oswald Masebo.

Der Maji-Maji-Krieg werde in den tansanischen Bildungseinrichtungen immer im Kontext mit dem kolonialen System unterrichtet. »Dieses System war nicht nur inakzeptabel und ein Unrechtssystem, sondern auch gewalttätig. Es war das Erbarmungsloseste und Grausamste, was afrikanische Gesellschaften bis dahin erlebt haben«, betont Oswald Masebo. Deswegen gibt es in Tansania keine Lehrer, die den Kolonialismus verharmlosen oder in irgendeiner Form rechtfertigen würden. Manche organisieren auch Exkursionen zu den historischen Stätten, etwa zu den Gräbern der Vorfahren, die im Maji-Maji-Krieg gekämpft haben.[171]

Oswald Masebo kommt aus dem südwestlichen Hochland von Tansania. In seiner Familie hatte niemand am Maji-Maji-Krieg teilgenommen. Das gilt auch für Boniface Kamara, dessen Eltern und Vorfahren aus dem äußersten Nordwesten von Tansania, aus der Kagera Region, kommen. Sie waren also viel zu weit weg, um sich am Maji-Maji-Krieg zu beteiligen. Trotzdem ist der Maji-Maji-Krieg auch für sie ein Teil des nationalen Gedächtnis. »Der heutige akademische Diskurs über den Maji-Maji-Krieg dreht sich beispielsweise um die Frage, ob es sich dabei um einen Genozid gehandelt hat«, sagt Boniface. In der Schuldbildung sei das natürlich anders. »In der weiterführenden Schule wird das Basiswissen aus der Grundschule erweitert«, erklärt der junge Tansanier. Dort werden den jungen Menschen vor allem die Gründe nähergebracht, warum der Maji-Maji-Krieg ausgebrochen ist. Es geht um die deutschen Steuern und Abgaben, von denen die Afrikaner nicht profitieren, und um die Veränderungen des Lebensstils und des Alltags, weil seit der deutschen Herrschaft ein kolonialer Master da war, der bedient werden musste. In den tansanischen Schulen wird vor allem der Maji-Maji-Krieg und nicht die darauf folgende Hungersnot thematisiert. Der Fokus des Geschichtsunterrichts liegt auf dem Kriegsgeschehen, auf der Zusammenarbeit zwischen den Gruppen sowie den Erfolgen und Misserfolgen der Kämpfer.

Auch Christopher, der im Jahr 2023 als Pfleger in einem Krankenhaus in Norddeutschland arbeitet, ist in Tansania aufgewachsen und dort zur Schule gegangen. Dabei hat er viel erfahren über die Berliner Afrika-Konferenz, über die Kolonialherrschaft und die Kriege, berichtet er im Gespräch mit mir. Auch außerhalb der tansanischen Schulen wird noch über die Deutschen und die Kolonialherrschaft gesprochen. Christopher gehört zum Volk der Massai und ist viel herumgekommen in Tansania. Er hat im Norden gelebt, in Morogoro im Zentrum und an der Grenze zu Mosambik im Süden. Ihre Spuren haben die Deutschen zum Beispiel in Tanga hinterlassen, einer Küstenstadt im Norden, nicht weit von der Grenze zu Kenia. Ende des 19. Jahrhunderts haben die deutschen Kolonialisten hier die alten Stadtstrukturen zerstört und eigene Häuser aus Stein bauen lassen.

»In Tanga redet man noch heute von den Deutschen. Sie haben die besten Plätze für sich gesucht und die ansässigen Menschen vertrieben«, berichtet Christopher. »Die Frauen mussten für die Kolonialherrscher kochen und die Wäsche waschen. Die Männer waren gezwungen, auf den Plantagen für die Kolonialisten zu arbeiten. Sie wurden schlecht behandelt und geschlagen. Ich habe das selber nicht miterlebt, aber kenne es aus Erzählungen von anderen Menschen«, sagt er.

Wie viele andere Menschen zu dieser Zeit war Christopher fasziniert von den sozialistischen Ideen des Präsidenten Julius Nyerere und engagierte sich politisch, ohne aber in die Staatspartei einzutreten. Dass er einmal nach Deutschland auswandern würde, hätte er sich lange nie träumen lassen. »Ich habe damals die Deutschen nicht gemocht«, konstatiert er. Aber während seines Studiums hat er seine deutsche Frau kennengelernt. Die beiden haben geheiratet, und Christopher, der in Tansania zum Grundschullehrer ausgebildet worden ist, ging mit ihr nach Deutschland. »Liebe kann viel verändern«, sagt er.

Es hat ihn aber auch Überwindung gekostet, Tansania in Richtung Deutschland zu verlassen. »Zu der Zeit hat mein Onkel in Hamburg promoviert. Er hat mich damals gewarnt, nach Deutschland auszuwandern. Er hat gesagt, dass viele nur auf einen neuen Führer warten und das Land wieder eine gleiche Richtung wie unter Hitler nehmen könnte. Mein Onkel hat damals seit acht Jahren in Deutschland gelebt. Ich bin trotzdem nach Deutschland gegangen. Hier ist mein Studienabschluss nicht anerkannt worden und ich arbeite als Krankenpfleger. Ich musste schnell Geld verdienen, um meine Familie zu ernähren, und habe deswegen diese Ausbildung gemacht und gleichzeitig Deutsch gelernt«, berichtet Christopher.

Im Jahr 2021 lebten nur etwa 2300 Staatsbürger aus Tansania in Deutschland. Ein wichtiger Grund hierfür dürfte die Sprache sein. Wer in Tansania Englisch gelernt hat, der hat es beispielsweise in Großbritannien leichter. Zu Beginn der 1990er Jahre hielten sich rund 30.000 Menschen im Vereinigten Königreich auf, die in Tansania geboren wurden. Diese Zahl stieg bis 2011 auf etwa 36.000 Menschen.[172]

4.2.
Museen und Denkmäler in Tansania

Nationalmuseen sind das Gedächtnis der Nationen. Hier wird der eigenen Bevölkerung und den Besuchern des Landes die Entwicklung in Bereichen wie Kunst, Technik oder auch Staatswesen präsentiert. Doch was soll ein Staat wie Tansania tun, der vielen Artefakten beraubt wurde, dessen Einwohner jahrzehntelang unter Fremdherrschaft litten und der nie darüber bestimmten konnte, welche Grenzen er eigentlich haben soll? Die Tansanier haben das, was ihnen die Europäer hinterlassen haben, weiter genutzt, können aber nun über die Inhalte bestimmen. Das Nationalmuseum in Dar es Salaam wurde im Jahr 1940 von den Briten eröffnet. Nach dem Tod des britischen Königs George V im Jahr 1936 sollte das Haus vor allem an den Monarchen erinnern. George V spielt in dem Museum inzwischen nur noch eine Nebenrolle. Stattdessen können die Besucher tief in die tansanische Geschichte eintauchen.

Diese wird unter anderem durch zahlreiche Fotos wieder zum Leben erweckt. Eines zeigt Mbwela. Der bärtige Mann war lokaler Herrscher der Zigula. Mbwela unterzeichnete Ende des 19. Jahrhunderts als erster Ostafrikaner einen Kontrakt mit Carl Peters. Dadurch verlor Mbwela sein Land an die Deutschen. Ein kompletter Raum des Nationalmuseums ist der Erinnerung an die deutsche Kolonialherrschaft in Ostafrika gewidmet. Auf einem anderen Foto ist ein Krieger der Ngoni zu sehen, mit Speer und Schild bewaffnet. Die Ausstellungsmacher haben auf heroische Heldendarstellungen verzichtet. Stattdessen sollen Fotos die Realität der damaligen Zeit widerspiegeln. Eines zeigt wartende Maji-Maji-Krieger vor der großen Schlacht gegen die Kolonialtruppen bei Mahenge Ende August 1905, ein anderes Männer in Ketten, die Anführer der Bewegung waren. Ihnen steht nach der Gefangennahme die Hinrichtung bevor. Einer von ihnen war Selemani Mamba, ein Angehöriger der Mwera aus dem Südosten der Kolonie. Nachdem er von den Lehren Kinjikitiles und dem Maji gehört hatte, soll Selemani Mamba gesagt haben, dass kein gewöhnlicher Krieg bevorstehen werde. Ihm wird auch der Satz zugeschrieben: »Wir werden nicht sterben, wir werden nur töten.«[173] Doch seine Hoffnungen, was die Wirkung des Maji anging, wurden nicht erfüllt. Das Museum zeigt Selemani Mamba in den letzten Momenten seines Lebens mit einer Kette um den Hals.

Diese Bilder sprechen für sich. So auch ein Foto von Afrikanern, die einen Deutschen in einer Hängematte tragen mussten. Daneben läuft ein kleiner, weißer Hund, der besser behandelt wird als die Träger. Die Kolonialisten hatten sich die Fotografie zunutze gemacht. Einheimische wurden oft, wie auf dieser Fotografie, menschenunwürdig dargestellt. Somit sollten sich bei den Betrachtern bestimmte Bilder festsetzen, die den Rassismus gegenüber den Afrikanern förderten und als Begründung für deren Unterdrückung und Ausbeutung dienten. Die Menschen wurden gegen ihren Willen fotografiert, während sie entwürdigende Tätigkeiten verrichten mussten. Die weißen Herrscher wollten sich selber hingegen als mächtig und überlegen darstellen.

In diesem Teil der Ausstellung geht es nur um die Männer, die während des Maji-Maji-Krieges zentrale Rollen spielten. Etwas versteckt erfährt man auch etwas über eine wichtige Frau dieses Aufstandes. Nduna Mkomanile, die aus einer lokalen Königsfamilie der Ngoni in der südlichen Region Ruvuma stammte, beteiligte sich in unterschiedlichen Formen an dem Befreiungskrieg. Sie organisierte die Versorgung von Kriegern mit Nahrungsmitteln, hielt Reden, um den Kämpfern Mut zu machen, und verteilte das Maji. »Frauen haben einen großen Beitrag im Unabhängigkeitskrieg geleistet«, steht auf der Tafel im Nationalmuseum. Nduna Mkomanile war bekannt für ihr Organisationstalent und sorgte dafür, dass die Krieger in bestimmten Zentren heimlich das Maji nahmen. Ein Foto von ihr gibt es nicht im Nationalmuseum von Dar es Salaam.

Am 27. Februar 1906 wurden Nduna Mkomanile sowie 66 weitere Anführer von der deutschen Kolonialverwaltung zum Tode verurteilt und hingerichtet. Sie wurden gehängt. Nduna Mkomanile war die einzige Frau unter den Verurteilten, die beschuldigt wurden, Anführer und Unruhestifter in der Maji-Maji-Bewegung zu sein.

Nduna Mkomanile ist auch im 21. Jahrhundert in Tansania eine Symbolfigur für weibliches Empowerment. Im Distrikt Namtumbo im Süden des Landes, also in der Gegend, wo Nduna Mkomanile früher gelebt hat, ist eine Genossenschaft nach ihr benannt, die Mkomanile Craft heißt. Sie wirbt damit, jungen Frauen aus Dörfern in der Region die Möglichkeit zu bieten, im Textilsektor zu arbeiten. Dadurch solle die sozio-ökonomische Situation der Frauen verbessert werden, und dies sei die Voraussetzung dafür, dass sie ein selbstbestimmtes Leben führen können.[174]

Die Geschichte von Nduna Mkomanile kann man im tansanischen Nationalmuseum nur auf Kiswahili, ohne englische Übersetzung und ohne Bebilderung, nachlesen. Die Tafel befindet sich in einer Abteilung, die sich ansonsten mit einem anderen Abschnitt der tansanischen Geschichte beschäftigt. Hier geht es um die Unterstützung des Landes für die Unabhängigkeitskämpfe auf dem Kontinent in den 1970er Jahren, die allesamt im Süden ausgefochten wurden. Die Befreiungsbewegungen in diesen Ländern erhielten Hilfe aus Tansania. Ein wichtiges Beispiel hierfür war die Errichtung des Solomon Mahlangu Freedom Colleges in Morogoro, einer Bildungseinrichtung des African National Congress ANC, der damals gegen die Apartheid, die bis in die 1990er Jahre bestehende »Rassentrennung« in Südafrika und Südwestafrika, kämpfte. Hier wurden 1978 bis 1992 Lehrveranstaltungen der südafrikanischen Organisation gegeben. Die ebenfalls linke namibische Befreiungsorganisation SWAPO hielt Ende 1969 bis Anfang 1970 einen Kongress im tansanischen Tanga ab und gründete dort Unterorganisationen für Jugendliche, Frauen und Ältere.

Auch die Beziehungen zwischen Tansania und der antikolonialen Kämpfer in Mosambik waren eng. Im Nationalmuseum in Dar es Salaam ist ein Motorrad ausgestellt, mit dem Samora Machel von der mosambikanischen Befreiungsbewegung FRELIMO, die gegen die portugiesische Kolonialherrschaft kämpfte, bei einem Besuch in Tansania unterwegs war. Dass hier die Erinnerung an die Rolle, die Nduna Mkomanile im Maji-Maji-Krieg eingenommen hatte, mit den Ereignissen der 1960er bis 1990er Jahre im südlichen Afrika zusammengebracht werden, ist ein Hinweis darauf, dass die Tansanier ihren eigenen Unabhängigkeitskampf zu Beginn des 20. Jahrhunderts im Zusammenhang mit dem Streben des gesamten Kontinents nach Freiheit von den europäischen Herrschern und den rassistischen Systemen sahen.

Niemand wird in dem Museum so oft abgebildet wie Julius Nyerere. Der Präsident tritt nicht nur als Diplomat auf, der die Anerkennung von Tansania in der Welt vorantreiben will, sondern der Präsident engagiert sich auch für die Befreiung des gesamten Kontinents von Kolonialisten und dem Apartheid-System. »Es kann keine Kompromisse bei der Forderung nach Freiheit geben«, erklärte Nyerere im Jahr 1981. »Wenn Wörter nicht ausreichen, um diese Freiheit zu erlangen, selbst wenn diese in Einklang stehen mit den respektvollen Handlungen gegenüber der Besatzungsmacht, dann gibt es keine Alternative. In diesem Fall wird es eine kriegerische Auseinandersetzung geben, bis die Autoritäten der Besatzungsmacht bereit sind, darüber zu reden, nicht ob, sondern wann sie das Land verlassen.« Der Kampf führte letztlich überall im südlichen Afrika zum Erfolg. 1975 wurden Angola und Mosambik unabhängig von Portugal, allerdings folgten in den Ländern jahrelange Kriege zwischen den linken Unabhängigkeitsbewegungen und rechten Kräften. Auf deren Seite trat auch das südafrikanische Apartheidsregime in die Kriege ein. Doch es konnte sich gegen die Widerstände im eigenen Land nicht halten. In Südafrika wurden die Apartheidsgesetze abgeschafft und der ANC kam in den 1990er Jahren unter Führung von Nelson Mandela durch Wahlen an die Macht. 1990 wurde Namibia unabhängig von Südafrika und die Menschen stimmten für die SWAPO als Regierungspartei. Die Machtwechsel in der Region bedeuteten auch Erfolge für Julius Nyerere, der allerdings bereits 1985 seine Macht als Präsident abgegeben hatte.

Wer mit dem Auto vom Nationalmuseum in Dar es Salaam Richtung Küste des Indischen Ozeans fährt, der kommt am Ocean Road Cancer Institute vorbei. Dieses weiße Gebäude, das mit seinen Türmen zum Teil an eine Burg erinnert, war Ende des 19. Jahrhunderts von der deutschen Kolonialverwaltung gebaut worden. Lange war es im damals noch kleinen Dar es Salaam ein Symbol für die rassistische Politik. Hier wurden ausschließlich die weißen Siedler aus dem Kaiserreich behandelt. Damals war das Haus noch nicht auf Krebserkrankungen spezialisiert und behandelte Beschwerden und Krankheiten verschiedener Art. Für Robert Koch waren das Krankenhaus und das dazugehörige Labor die Basis für seine Forschungen unter anderem zur Bekämpfung von Malaria und der Schlafkrankheit.

Erst nach der Unabhängigkeit Tanganjikas im Jahr 1961 wurden die rassistischen Beschränkungen bei der Aufnahme von Patienten abgeschafft. Immerhin die Restaurierung des Gebäudes im Jahr 2000 wurde mit Geldern aus der Bundesrepublik ermöglicht.[175]

Etwa 1000 Kilometer südwestlich von Dar es Salaam liegt die Stadt Songea. Hier gibt es ein eigenes Museum, das an den Maji-Maji-Krieg erinnert. Tansania ist ein großes Land. Es ist etwa zweieinhalb Mal so groß wie Deutschland. Die Auswirkungen des Kolonialkrieges waren unterschiedlich groß. Deswegen spielt die Erinnerung im Süden eine größere Rolle als in den nördlichen Regionen. Bekannt ist das Museum in Songea auch unter dem Namen »Platz der Helden«. Das Haus ist dem Nationalmuseum unterstellt. Das Museum wurde dort errichtet, wo einst 67 lokale Anführer, darunter Nduna Mkomanile, von den Deutschen im Februar 1906 hingerichtet und begraben wurden. Das Massengrab für tote

Maji-Maji-Krieger aus der Region befindet sich direkt hinter dem Museum. Dorfälteste, die als Kinder die Hinrichtungen miterlebt haben, bezeugten dies viele Jahre später. Nach der Unabhängigkeit von Tansania sind diese Angaben wissenschaftlich überprüft worden.

1980 wurde dann ein Denkmal für die Toten errichtet, die in dem Massengrab liegen. Zu diesem Zeitpunkt konnte auch das Museum nach dreijähriger Bauzeit eröffnet werden. Für die arme Region war es nicht leicht, das notwendige Geld aufzubringen. Dies war nur möglich, weil sich der damalige Präsident der Region Ruvuma, Lawrence Gama, sehr stark für das Projekt eingesetzt hatte und Spenden einwarb. Lawrence Gama, der im Dezember 2009 gestorben ist, war der Enkel eines Anführers der Maji-Maji-Bewegung.[176] Die Einweihung des Museums im Jahr 1980 übernahm dann Präsident Julius Nyerere.

Für einige Ngoni ist das Museum eine heilige Stätte, die sie auch für traditionelle Rituale und spirituelle Aktivitäten nutzen. Ihre verstorbenen Ahnen sind für sie Vermittler zu Gott. Deswegen sind die Gräber der einstigen Anführer der Maji-Maji-Bewegung für sie von herausragender Bedeutung. Die Ngoni sind die größte Gemeinschaft im Distrikt Songea. Ihr für Traditionen und Bräuche zuständiger Ältestenrat wird eingebunden, wenn die Leitung des Museums Entscheidungen trifft.[177]

Eine Gedenktafel erinnert an die von den Deutschen ermordeten lokalen Anführer und andere Unabhängigkeitskämpfer. Sie werden mit ihren traditionellen tansanischen Namen sowie ihren Taufnamen vorgestellt. Über der Tafel steht eine steinerne Flamme.[178]

Ein lokaler Herrscher der Ngoni, Nduna Songea Luwafu Mbano, blieb etwas länger am Leben als die anderen Verurteilten. Er hatte vor seiner Hinrichtung den Deutschen jegliche Informationen über seine Kämpfer verweigert, damit die Kolonialtruppen keine Hinweise bekamen, was die Maji-Maji-Krieger, die in Freiheit waren, als Nächstes planten. Die Deutschen boten Songea Mbano trotzdem an, mit ihnen zusammenzuarbeiten. Doch dessen Widerstand war zu groß. Er forderte die Deutschen auf, auch ihn hinzurichten. Er begab sich in einen Hungerstreik, bis die Entscheidung gefallen war, dass auch er am Galgen sterben sollte.[179]

Das Urteil sollte am 2. März 1906 vollstreckt werden. Eine Legende besagt, dass der Strick dreimal gerissen sein soll. Ein viertes Mal wollten es die Deutschen nicht versuchen und gaben stattdessen den Befehl, den Ngoni-Herrscher zu erschießen. Der Ort Songea trägt seinen Namen. Ein wieder errichteter Galgen mit leeren Schlingen symbolisiert auf dem Gelände des Museums die einstige deutsche Grausamkeit.[180]

Im Massengrab war kein Platz mehr für Songea Mbano. Deswegen wurde er an einem anderen Ort, nicht weit entfernt, bestattet. Doch auch Songea Mbano konnte, wie einige weitere ermordete Widerstandskämpfer, nicht nach den traditionellen Ritualen seine letzte Ruhe finden. Sein Kopf dürfte sich noch immer in Deutschland befinden, wohin er wie so viele andere Schädel zur sogenannten Rassenforschung gebracht worden war. Die Familie von Songea Mbano hat dafür gesorgt, dass das schlichte weiße Grab aus zwei Teilen besteht. Vier Fünftel sind mit Erde bedeckt. Dort befindet sich der Körper. Das letzte Fünftel, das bis zum Grabstein mit der Namensinschrift geht, ist durch eine Platte aus Stein abgetrennt.[181] Im Februar 2018 hatte die tansanische Zeitung *The Citizen* berichtet, dass die tansanische Regierung den Schädel zurückfordern wolle.[182]

In den 1980er Jahren riefen die tansanische Regierung und die Region Ruvuma das »Maji Maji Kulturfestival« in Songea ins Leben, um damit an die Vorfahren zu erinnern, die während des Befreiungskrieges gegen die Deutschen gestorben waren, und um das damals Geschehene aufzuarbeiten. Eine wichtige Rolle bei der Organisation spielen Autoritäten von indigenen Gruppen in der Region.[183] Das Festival findet jährlich im Februar statt, dem Jahrestag der öffentlichen Hängung der Widerstandskämpfer.[184] Wie wichtig das Festival für das Land ist, wird auch durch die hochrangigen Besucher und Redner deutlich. Im Februar 2021 nahm Premierminister Kassim Majaliwa teil. Auch Staatsbesuch aus den Nachbarstaaten Malawi und Sambia wurde empfangen. Der Generaldirektor des Nationalmuseums, Noel Lwoga, erklärte, dass mit dem Festival das »kulturelle Erbe der Nation« bewahrt und der tansanische Patriotismus gefördert werden solle.[185]

Schüler stellen Szenen von Schlachten mit den Kolonialtruppen nach und führen traditionelle Tänze auf. Zudem wird gezeigt, wie das Zauberwasser »Maji« hergestellt wurde.[186]

In der südwestlichen Region Njombe wird ebenfalls die Erinnerung an den Maji-Maji-Krieg wachgehalten. In der bergigen Gegend gibt es viele Höhlen, wo die Kämpfer sich vor den Kolonialtruppen versteckten. Hier wurde auch ein Massengrab aus dem Jahr 1906 gefunden, in dem Hunderte Krieger der Wabena verscharrt worden waren.[187] Einigen Bewohnern des Njombe-Distrikts ist noch der Platz im Ort Utengule bekannt, auf dem sich die Maji-Maji-Krieger vor einem Graben in einer Reihe aufstellen mussten. Sie wurden erschossen, fielen tot in diesen Graben und wurden dann verbrannt.[188]

Ein großes Denkmal für die Maji-Maji-Kämpfer ist auch in Nandete in der Region Lindi errichtet worden, wo der Krieg einst begonnen hat. Hier sind, ebenso wie in Songea, die Namen von einigen ostafrikanischen Kriegern auf einer Messingtafel verewigt worden. Das Denkmal befindet sich zwischen grünen Hügeln. Auf dem weißen Stein befinden sich Statuen, die Menschen zeigen, die nicht mehr für die deutschen Kolonialherren auf den Baumwollfeldern schuften wollten. Aus Protest gegen die schlechten Arbeitsbedingungen rissen sie die Baumwollpflanzen auf der regierungseigenen Plantage der Deutschen aus. Im Morgengrauen des 20. Juli 1905 hatten eine Frau, Nantabila Naupunda, und zwei Männer, Ngulumbalyo Mandai und Lindimyo Macheli, mit dieser Widerstandsaktion in der Gegend begonnen, wo vor allem die Matumbi lebten.

Das Denkmal ist nicht alt. Es wurde im August 2010 eingeweiht. Für die Zeremonie war Jakaya Mrisho Kikwete angereist, der von 2005 bis 2015 der vierte Präsident Tansanias war. Dieser ranghohe Besuch ist ein weiterer Beleg dafür, wie wichtig die Erinnerung an den Maji-Maji-Krieg auch 100 Jahre nach seinem Ende in dem Land noch ist. In den lokalen Medien wurde berichtet, dass Kikwete, der übrigens später Kanzler der Universität von Dar es Salaam wurde, traditionelle Waffen an dem Heldendenkmal niederlegte, um der Maji-Maji-Bewegung und der Kriegsopfer zu gedenken.[189] Seitdem finden hier jährlich Gedenkfeiern statt. Das Denkmal soll diejenigen ehren, die ihr Leben im Krieg gegen die Deutschen verloren haben. »Wie ein Buschfeuer« habe sich von hier der Kampf um Unabhängigkeit in weiten Teilen der Kolonie ausgebreitet, so die Inschrift.[190] Auf dem Denkmal in Nandete findet sich auch der Hinweis, dass es von der Bundesrepublik finanziert wurde. Der Besuch eines Spitzenpolitikers aus Deutschland an einem solchen Ort steht noch aus.[191]

Das gilt auch für die umfassende Aufarbeitung der Kolonialzeit. 100 Jahre nach dem Maji-Maji-Krieg waren in der Bundesrepublik noch immer kolonialrevisionistische Töne zu hören. Nach einem Bericht der Organisation Freiburg Postkolonial hatte der Historiker und Pfarrer Christoph Sehmsdorf bei einer Veranstaltung im Deutschen Historischen Museum in Berlin im November 2005 zwar die koloniale Gewalt verurteilt, aber auch gesagt: Man komme nicht umhin zu konstatieren, dass etwa in den Reiseschilderungen von Kolonialoffizieren deutlich das echte Bemühen um Entwicklung des ihnen anvertrauten Landes zum Ausdruck komme. Die Maßnahmen der Kolonialverwaltung seien zwar schlecht »vermittelt« gewesen und man hätte die Einheimischen mehr beteiligen müssen, doch das Prinzip, brachliegende Arbeit zu verwerten und in den Dienst der Modernisierung zu stellen, sei doch richtig. Diese Verharmlosung des Kolonialregimes und die Rechtfertigung seiner Methoden stießen auf Widerspruch vom Podium und von Teilen des Publikums.[192] Auch der damalige Afrika-Beauftragte der Bundesregierung, Günter Nooke, hatte 2018 behauptet, dass der Kolonialismus dazu beigetragen habe, »Afrika aus archaischen Strukturen zu lösen«.

Wer etwas über den Umgang mit der Vergangenheit in Tansania lernen will, der sollte nicht nur in Bibliotheken und Museen recherchieren und Konferenzen besuchen. Auch im Fußball sind die Helden von einst verewigt worden. Er ist Nationalsport Nummer eins in Tansania.

Mehrere Fußballteams tragen den Namen »Maji Maji«. So etwa die »Maji Maji Rangers« in der südlichen Hafenstadt Lindi. Weitaus berühmter ist der »Maji Maji Football Club F. C.« aus Songea, den Nachfahren der Kämpfer im Jahr 1978 gegründet haben. Der Klub gewann in den 1980er und 1990er Jahren dreimal die nationale Meisterschaft. Der Fußballverein wurde auch über Tansania hinaus bekannt, weil er das Land als nationaler Meister in einem afrikaweiten Pokalwettbewerb vertrat. Allerdings ist es bisher noch keinem Verein aus Tansania gelungen, diesen Pokal zu gewinnen.

Man kann die Bedeutung des Maji Maji FC für diese arme Region in Tansania in dieser Zeit nicht hoch genug einschätzen, zumal die Klubs aus Dar es Salaam jahrelang das größte Interesse auf sich zogen. In der Provinz haben es die Fußballvereine auch wegen der schwächer entwickelten Infrastruktur und der geringen Bevölkerungsdichte deutlich schwerer.[193]

Im Jahr 2022 ist der Verein nicht mehr in der Tabelle der ersten Division zu entdecken. »Er spielt inzwischen in einer niederklassigen Liga«, erzählt mir der Historiker Oswald Masebo. Für ihn ist der Name des Vereins als Form der Erinnerung an den heldenhaften Kampf der Maji-Maji-Krieger etwas Besonderes. In Songea gibt es neben dem Fußballverein und dem Museum auch eine Grundschule, die den Namen »Maji Maji« trägt.[194]

Während die Stadt Songea mit ihren etwas mehr als 200.000 Einwohnern überschaubar ist, wächst die Millionen-Metropole Dar es Salaam rasant. Sie wird vom Verkehr wortwörtlich überflutet. Auf einer Verkehrsinsel im Zentrum der Hafenstadt steht ein Krieger mit Rucksack, kurzen Hosen und Stiefeln auf einem Steinsockel. Der Mann aus Bronze trägt ein Gewehr mit aufgepflanztem Bajonett. Um ihn herum ist die moderne Stadt mit breiten Straßen und Hochhäusern entstanden. Das Askari-Monument stammt aus dem Jahr 1927. Damals herrschten die Briten in Ostafrika und erinnerten mit dem Denkmal an die afrikanischen Soldaten, die im Ersten

Weltkrieg mit ihnen gegen die Deutschen gekämpft hatten. Hier hatte einst ein Denkmal des deutschen Gouverneurs Hermann von Wissmann gestanden, das 1916 vom Sockel gestoßen wurde. Dieses Schicksal war auch den Bronzestatuen beschieden, die in Dar es Salaam für Carl Peters und Otto von Bismarck aufgestellt worden waren.[195]

Obwohl die Menschen in Ostafrika froh waren, dass sie in den 1960er Jahren die Briten als Kolonialmacht los waren, blieb das Askari-Monument stehen. Immerhin ist es ein Afrikaner, an den hier erinnert wird, und kein Europäer. Der tansanische Botschafter in Deutschland, Abdallah Possi, erinnert im Gespräch mit mir in Berlin daran, dass viele Einwohner in afrikanischen Ländern, nicht nur im Ersten, sondern auch im Zweiten Weltkrieg dazu gezwungen wurden, für Mächte aus Europa zu kämpfen. »Das hatte nichts mit ihren eigenen nationalen Interessen zu tun. In Europa gibt es viele Veteranen, die von ihren Regierungen finanziell unterstützt werden. Aber zum Beispiel an die Kämpfer in Ostafrika, also die Askaris, die für europäische Nationen in die Schlacht zogen, hat niemand gedacht«, gibt Possi zu bedenken.

Die Rolle der Askaris wird auch im Roman Afterlives, in der deutschen Übersetzung: Nachleben, behandelt. Der tansanische Schriftsteller Abdulrazak Gurnah wurde für sein Werk im Jahr 2021 mit dem Nobelpreis für Literatur ausgezeichnet. Eine Figur seines Romans ist an die historische Person Bayume Mohamed Husen angelehnt, der Ende der 1920er Jahre nach Berlin ging, seinen Sold forderte, mit kolonialrevisionistischen Gruppen in Kontakt war und letztlich wegen seines Verhältnisses mit einer »Arierin« in Nazideutschland verhaftet wurde. Er starb 1944 an den unmenschlichen Bedingungen im Konzentrationslager Sachsenhausen. Diese Geschichte zeigt, dass es auch bei den Askaris nicht immer leicht war zu unterscheiden, ob sie nun Opfer waren oder als Untergebene der Kolonialisten zu Tätern wurden.

Das Denkmal im Zentrum von Dar es Salaam für den afrikanischen Krieger, der für britische Interessen kämpfte, steht auch sinnbildlich dafür, dass der Region nach dem Ende des Maji-Maji-Krieges kein langfristiger Frieden beschert war. Das letzte blutige Kapitel der deutschen Kolonialherrschaft war der Erste Weltkrieg. Während des Abnutzungskrieges, den Paul von Lettow-Vorbeck ab 1914 gegen die Briten in Ostafrika führte, kamen nach Schätzungen von Historikern 700.000 bis eine Million Menschen ums Leben, die meisten davon Zivilisten.[196]

Mit der Kommandierung von Lettow-Vorbeck nach Ostafrika hatte sich die deutsche Politik und Militärführung für Tod und Vernichtung entschieden. Denn es war bekannt, dass der gebürtige Saarländer in den Vorjahren eine Blutspur in verschiedenen Teilen der Welt hinterlassen hatte. Lettow-Vorbeck war sowohl an der Niederschlagung des antikolonialen Boxeraufstands in China 1900/1901 als auch einige Jahre später als Adjutant am Völkermord an den Herero und Nama in Südwestafrika beteiligt, bevor er 1914 nach Ostafrika geschickt wurde, um dort als Oberstleutnant das Kommando über die »Kaiserliche Schutztruppe« zu übernehmen.

Lettow-Vorbeck ging in Ostafrika nicht nur brutal gegen seine militärischen Gegner vor und ordnete an, dass verwundete Soldaten und Gefangene erschossen wurden. Zudem ließ er Soldaten aus den eigenen Reihen mit Gewalt zur Schlacht drängen. Das sah Lettow-Vorbeck als notwendig an, weil die Begeisterung zahlreicher afrikanischer Askaris für den Krieg alles andere als groß war. Es war nicht ihre Schlacht, sondern die der Europäer, in der sie nichts gewinnen konnten. Viele Askaris bezeichneten Lettow-Vorbeck als »Bana anakata Schanda«. Auf Deutsch bedeutet das: »Der Herr, der unser Leichentuch schneidert.« Lettow-Vorbeck wusste das und war durchaus stolz darauf. Das bekannte der Militärmann später in seinen Memoiren.[197]

Lettow-Vorbeck ließ Deserteure hängen. Und wenn er den Eindruck hatte, dass seine Truppe durch Verluste zu stark ausgedünnt worden war, befahl er, dass neue Männer in Ostafrika zwangsrekrutiert werden mussten. Die Lebensmittelvorräte der Einwohner wurden von den deutschen Soldaten geplündert und Felder verbrannt.

Deutsche und Briten sicherten sich zudem ihren Nachschub in den Kämpfen 1916/1917 im südöstlich gelegenen Liwale durch Raub. Der deutsche Arzt Ludwig Deppe, der zum Tross Lettow-Vorbecks gehörte, schrieb in seinen Erinnerungen: »Wir ließen zerstörte Felder, ausgeraubte Magazine und, für die nächste Zukunft, Hunger zurück. Wir waren keine Botschafter der Kultur mehr, unsere Spur bestand vielmehr aus Tod, Plünderungen und zerstörten Dörfern – ganz ähnlich wie während des Feldzuges unserer eigenen und der feindlichen Armeen im Dreißigjährigen Krieg.«[198]

Lettow-Vorbeck war für mehrere sogenannte Strafexpeditionen gegen Dörfer verantwortlich, die der deutschen Schutztruppe keine Lebensmittel liefern konnten oder wollten. Afrikaner wurden dabei getötet, die Dörfer geplündert und dann niedergebrannt. An der Nordgrenze der Kolonie galt für die Truppen ein Schießbefehl auf alle Unbekannten. Denn es könnte sich um Spione handeln, behaupteten die deutschen Militärführer.

Ab 1917 brach im Süden der Kolonie eine erneute Hungersnot aus. Die Verwüstungen durch den Krieg und die Dürreperiode hatten katastrophale Ausmaße. In Dodoma, westlich von Dar es Salaam gelegen und seit 1974 die Hauptstadt von Tansania, soll es laut offiziellen Angaben in den Jahren 1917/1918 einen Bevölkerungsverlust von 20 Prozent gegeben haben. Ab 1918 wütete auch in diesem Gebiet die Pandemie der Spanischen Grippe, die unter der geschwächten Bevölkerung für weitere Todesopfer sorgte.

Nach dem Ende des Ersten Weltkrieges verloren die Deutschen ihre Kolonien an die Siegermächte. Lettow-Vorbeck wurde in Deutschland noch lange als Kriegsheld verehrt. Im März 1919 ritt er bei seiner Rückkehr durch das Brandenburger Tor in Berlin und wurde dort von einer Menge gefeiert. Denn Lettow-Vorbeck hatte einige Schlachten gegen die Briten gewonnen und erst zwei Wochen nach dem Waffenstillstand in Europa im November 1918 die Waffen niedergelegt. Insbesondere in rechtsradikalen Kreisen war die Begeisterung für den preußischen General groß. Er wurde von ihnen als »Löwe von Afrika« bezeichnet.[199]

Die militärischen Erfolge Lettow-Vorbecks, die er mit einer zahlenmäßig unterlegenen Armee und durch seine Guerilla-Taktik erzielte, passten perfekt in die Legendenbildung der politischen Rechten in Deutschland, wonach die Soldaten des Reiches während des Ersten Weltkrieges im Felde unbesiegt geblieben seien. Sie verbreiteten die Dolchstoßlegende, wonach unter anderem deutsche Sozialdemokraten und das »internationale Judentum« verantwortlich für den Kriegsausgang und die Niederlage des Kaiserreiches gewesen seien. Denn diese hätten dafür gesorgt, dass in der Heimat die Rückendeckung für das Militär bröckelte. Mit solchen Verschwörungstheorien bereiteten die Rechten in der Weimarer Republik den Boden für die spätere Machtübertragung an die Nazis und deren Terrorherrschaft.

5.
Verdrängen und Vergessen in Deutschland

5.1.
Straßen und Monumente: Verbrecher als Helden

Im Jahr 1991 veröffentlichte die Bundeswehr ein Liederbuch mit dem Titel »Kameraden singt!«. Es enthielt gängige Soldatenlieder, die in der Truppe gesungen wurden. Darunter waren auch Hits aus der Nazizeit. Erst 2017 fiel dem Verteidigungsministerium, damals unter Führung der CDU-Politikerin Ursula von der Leyen, auf, dass einige Lieder »nicht mehr unserem Werteverständnis entsprechen«. In den Jahren zuvor hatte man beim deutschen Militär offenbar kein großes Problem damit, in der Tradition der früheren Nazitruppen zu stehen. So gab es in dem Liederbuch eine Anmerkung zum »Westerwaldlied«, dass dieses wohl das »bekannteste Lied der ehemaligen deutschen Wehrmacht« gewesen sei. »Es sollte daher immer besonders sorgsam abgewogen werden, ob und wo dieses Lied durch Angehörige der Bundeswehr gesungen wird«, hieß es in dem Liederbuch.

Auch die Kolonialzeit wurde in diesem Buch verherrlicht. Soldaten der Bundeswehr schmetterten »Heia Safari«. Darin besangen sie einen schmalen »Negerpfad« sowie die »Träger und Askari« der Kolonialtruppen. Bekannt ist das Lied auch durch die Interpretation des deutschen Schlagersängers Heino. Der Name des Lieds ist identisch mit dem Titel eines Buchs, das der einstige Kriegsverbrecher Paul von Lettow-Vorbeck über seine Zeit während des Ersten Weltkrieges in Afrika geschrieben hatte. Es hat den Untertitel: Deutschlands Kampf in Ostafrika. Bei dem Liederbuch, in dem »Heia Safari« und das »Westerwaldlied« abgedruckt wurden, handelte es sich wohlgemerkt um eine offizielle Veröffentlichung der Bundeswehr, herausgegeben vom Bundesverteidigungsministerium.[200]

Somit hat das Ministerium lange dazu beigetragen, dass rechtsradikales Denken und Kolonialnostalgie in der Truppe salonfähig waren. Auch bei Modefirmen aus dem Neonazispektrum war es im Jahr 2016 noch möglich, T-Shirts mit der Aufschrift »Ostafrika-Expedition« oder »Heia Safari« zu bestellen. In der rechtsextremen Szene der Bundesrepublik wird nicht nur der Holocaust, sondern auch der Völkermord an den Herero und Nama geleugnet. Dieser Geschichtsrevisionismus wird unter anderem von dem in Südafrika lebenden deutsch-österreichischen Publizisten und früheren Bundeswehr-Berufssoldaten Claus Nordbruch verbreitet. Als Redner trat er auch in der Bundesrepublik auf. Es gibt Hinweise, dass Nordbruch mit rechtsextremen Terroristen in Kontakt gestanden haben könnte. Seine Visitenkarte wurde in den Trümmern der Zwickauer Wohnung des NSU-Trios gefunden, die Beate Zschäpe im November 2011 kurz vor ihrer Festnahme in Brand gesetzt hatte. Ermittler gingen davon aus, dass die drei Terroristen Uwe Mundlos, Uwe Böhnhardt und Beate Zschäpe nach ihrem Untertauchen 1998 zwischenzeitlich überlegt hatten, sich nach Südafrika abzusetzen.[202]

Auch diese Bezüge zur Gegenwart zeigen, wie wichtig es ist, die deutschen Kolonialverbrechen aufzuarbeiten. Doch diesbezüglich passiert noch immer zu wenig. Die Zeugnisse der Kolonialzeit bleiben in der Bundesrepublik oft unkommentiert, oder die damit zusammenhängende Geschichte wird verdrängt. Im Hamburger Osten hält ein Zaun die Menschen im Jahr 2023 davon ab, eine kleine Grünfläche mit Denkmälern zu besuchen, die einmal der sogenannte Tansania-Park werden sollte. Die Anlage liegt gut versteckt zwischen einem Gebäude der Bundespolizei auf der einen sowie Reihen- und Einzelhäusern auf der anderen Seite. Nur wer sich etwas Zeit nimmt und einen genauen Blick durch die Gitterstäbe wirft, erkennt die Askaris und die deutschen Kolonialsoldaten aus rotem Terrakotta sowie die Gedenktafeln, die zwischen den Bäumen und Sträuchern stehen. Vor dem verschlossenen Tor steht ein Stein mit der Inschrift »Lettow-Vorbeck-Kaserne«. Der Hinweis, dass diese einst von den Nazis im Jahr 1934 errichtet wurde, fehlt. Wohl auch deswegen, weil der einstige deutsche Generalmajor Paul von Lettow-Vorbeck, der 1964 im noblen Hamburger Stadtteil Othmarschen starb, in der Hansestadt offensichtlich noch immer als respektabler Bürger gilt, nach dem man sogar eine Straße benennen kann.

Dabei war Lettow-Vorbeck nicht nur einer der willigen Vollstrecker deutscher imperialer Interessen während der Kaiserzeit. Nach dem Ersten Weltkrieg kämpfte er außerdem in den rechtsextremen Freikorps, nahm 1920 am Kapp-Putsch gegen die Weimarer Republik teil, der wegen des darauf folgenden Generalstreiks scheiterte, und in Hamburg gegen den sogenannten Sülzeaufstand, der 1919 ausgebrochen war, weil in Fabriken der Hansestadt verfaulte Kadaver zu Sülze verarbeitet wurden.[204]

Die nach Lettow-Vorbeck benannte Kaserne in Hamburg wurde nach 1945 von der Bundeswehr unter demselben Namen weiter genutzt. 2010 begann der Abriss, da das deutsche Militär in der Hansestadt andere Standorte bevorzugte und auf dem Gelände der früheren Kaserne ein Wohnviertel entstehen sollte. In der kleinen Grünanlage auf diesem früheren Kasernengelände sind Monumente versteckt, die belegen, dass es zwischen der Vernichtungspolitik der Nazis und dem Vorgehen der Kolonialtruppen im Südwesten und Osten Afrikas einen direkten Zusammenhang gibt. Erinnert wird hier an die deutschen Soldaten und Askaris, die während des Ersten Weltkrieges in den Schlachten um die deutschen Kolonien gestorben sind.

Das »Schutztruppen-Ehrenmal« wurde 1939 von Lettow-Vorbeck und führenden Nazis eingeweiht. Zu Beginn des Zweiten Weltkrieges sollten die damaligen Soldaten der Wehrmacht durch Denkmäler daran erinnert werden, welche imperiale Bedeutung das Deutsche Reich einst hatte. Neben Lettow-Vorbeck sind hier auch Statuen von Hermann von Wissmann, der als Gouverneur von Ostafrika Ende des 19. Jahrhunderts für Kriegsverbrechen und Ausbeutung verantwortlich war, und von General Lothar von Trotha, der den Befehl zur Vernichtung der Herero gab, zu sehen.

Das Gelände hat eine lange Tradition des Geschichtsrevisionismus. Bis die Bundeswehr im Jahr 1999 aus der Lettow-Vorbeck-Kaserne auszog, fanden hier jedes Jahr zum Volkstrauertag gemeinsame Kranzniederlegungen der Traditionsverbände des Afrika-Korps und der sogenannten Schutztruppen der einstigen deutschen Kolonien statt. 1966 wurde unter Bundesverteidigungsminister Kai-Uwe von Hassel, der uns bereits im Zusammenhang mit der sogenannten Entwicklungshilfe für Tansania begegnet ist, das Denkmal in der Mitte durch eine Gedenktafel ergänzt, die an die Gefallenen des Afrika-Korps im Zweiten Weltkrieg erinnerte. Über allem thront ein Reichsadler.[203]

Verantwortlich für die Restaurierung des Schandmals war der Kulturkreis Jenfeld, so der Name des Hamburger Stadtteils, in dem der Tansania-Park entstehen sollte. Dieser sogenannte Kulturkreis hatte das kolonialrevisionistische Denkmal aus der Nazizeit im Jahr 2002 restaurieren und aufstellen lassen. Das solle einen »Beitrag zur Völkerverständigung« leisten, so der Kulturkreis, dessen Wortführer ein pensionierter Malermeister war. Die damals in Hamburg mit CDU und FDP in einer Koalition regierende rechte Schill-Partei unter Führung des Richters Ronald Schill war sofort Feuer und Flamme, was das Vorhaben anging. Die Partei konnte über die Sache entscheiden, weil sie den zuständigen Bausenator stellte.

Doch das rief sehr schnell auch Kritiker auf den Plan, die sich nicht damit abfinden wollten, dass die Verherrlichung der Kolonialkriege und die Sichtweise der Nazis auf dieses Kapitel deutscher Geschichte in Hamburg ausgestellt werden sollten. Auch die Regierung Tansanias zog ihre Unterstützung für das Projekt zurück. Sie hatte zuvor gehofft, dass der Park der Aufklärung und der Völkerverständigung dienen könnte.

Der seit dem Jahr 2011 wieder von der SPD dominierte Hamburger Senat hatte ebenfalls bemerkt, dass er etwas unternehmen musste. Im Jahr 2014 beschloss die Regierung des Stadtstaates ein

Programm zur Aufarbeitung des kolonialen Erbes. Das einst als »Tansania-Park« geplante Gelände sollte im Rahmen dieses Programms zu einem »Geschichtsgarten Deutschland-Tansania« und einem Gedenkort werden. Passiert ist seitdem allerdings jahrelang nichts. Die Kolonialmonumente aus der Nazizeit werden vor der Öffentlichkeit versteckt.[204]

Die zuständige Hamburger Behörde für Kultur und Medien teilt mir hierzu Anfang 2023 mit, dass in der Debatte über den »Tansania-Park« deutlich wurde, dass die koloniale Vergangenheit Hamburgs viel zu wenig erforscht sei und zunächst ein gemeinsames Bewusstsein für die Verbrechen der Vergangenheit geschaffen werden müsse. Das Erinnerungskonzept werde derzeit noch »erarbeitet«.

Inzwischen ist der Malermeister des Heimatvereins aus Hamburg-Jenfeld tot. Diejenigen, die ihn noch kannten, sagen, dass er das Denkmal für eine Attraktion hielt, mit der er den Stadtteil, der am Rand von Hamburg liegt und ansonsten nichts zu bieten hat, bekannter machen wollte. Die Geschichte dieses sogenannten Tansania-Parks ist bezeichnend für den noch immer oft unkritischen Umgang in Deutschland mit der kolonialen Vergangenheit.

Allerdings gibt es vereinzelt Anzeichen dafür, dass sich etwas ändert. Im Jahr 2018 beschloss die Bezirksverordnetenversammlung in Berlin-Mitte, dass Straßen im Stadtteil Wedding nicht mehr nach Carl Peters, dem einstigen Landbesitzer in Südwestafrika, Adolf Lüderitz, und dem früheren Reichskommissar und Kolonialisten Gustav Nachtigal benannt sein sollen. Stattdessen ist geplant, dass es in Berlin unter anderem die Maji-Maji-Allee geben soll, die an den Befreiungskampf in Ostafrika erinnert.[205] Ebenfalls neu ist der Manga-Bell-Platz, benannt nach dem Königspaar der Duala, Emily und Rudolf Douala Manga Bell, die sich gegen die deutsche Landenteignungspolitik in Kamerun wehrten. Der Mann wurde 1914 als Anführer des Widerstands gegen die deutsche Kolonialmacht hingerichtet. Eine weitere Straße trägt den Namen von Cornelius Fredericks, einem indigenen Anführer der Nama, der 1907 von den Deutschen enthauptet wurde.[206] Diese Straßen befinden sich in einer Gegend, die als »Afrikanisches Viertel« bekannt ist. Denn der Zoodirektor Carl Hagenbeck hatte vor dem Ersten Weltkrieg geplant, in dem heutigen Volkspark Rehberge Tiere und Menschen aus Afrika zu präsentieren.

Den Umbenennungen der Straßen war ein langer Kampf vorausgegangen. Bereits in den 1980er Jahren hatte die schwarze Community in Westberlin vorgeschlagen, die Petersallee umzubenennen. Immerhin war es 1986 gelungen, die während der Nazizeit 1939 nach Carl Peters benannte Allee umzuwidmen und nach Hans Peters zu benennen, der zwar im Zweiten Weltkrieg Offizier der Wehrmacht war, aber zugleich auch Mitglied des Kreisauer Kreises, der in Opposition zur NS-Herrschaft stand. Später machte Hans Peters mit CDU-Parteibuch Politik in der Bundesrepublik. Aktivisten organisieren in der Gegend in Zusammenarbeit mit dem Verein Berlin Postkolonial alternative Stadtrundgänge in Berlin-Wedding und klären über die koloniale Vergangenheit und die neuen Namen der Straßen auf.

Anwohner und konservative Politiker stellten sich immer wieder quer, wenn es um die Umbenennung von Straßen ging. Das war auch Anfang des Jahres 2019 der Fall. 200 Gewerbetreibende hatten in Berlin-Wedding Widerspruch gegen die neuen Straßennamen eingelegt. Denn Verträge mit Geschäftspartnern müssten dann ebenso wie die eigenen Unterlagen geändert werden. Diesen Zeitaufwand wollten die Gewerbetreibenden nicht hinnehmen.[207]

Dies entsprach auch den Forderungen der CDU in Berlin-Mitte. Sie hatte bereits 2016 in der Bezirksverordnetenversammlung den Antrag gestellt, »Umwidmungen von belasteten Straßennamen unter Beibehaltung ihrer Ursprungsnamen« vorzunehmen. Der Name sollte also, wie einst bei der Petersallee, beibehalten, aber der Namensgeber ein anderer werden. Skurril war der Vorschlag der Konservativen in Bezug auf die Lüderitzstraße, die nicht mehr Adolf Lüderitz, sondern der nach ihm benannten Hafenstadt Lüderitz in Namibia gewidmet sein sollte.[208] Letztlich konnten sich die CDU und die Gewerbetreibenden nicht gegen den Bezirk durchsetzen, in dem Grüne, SPD und Linke mit ihrer Mehrheit gemeinsam für die Umbenennungen votierten.

Nicht nur in Berlin, sondern auch in anderen deutschen Städten werden Straßennamen aus der Kolonialzeit getilgt. So hatte etwa die Stadt Hannover im Jahr 2013 beschlossen, dass die Lettow-Vorbeck-Allee in Namibia-Allee umbenannt werden sollte. Weitere Prüfungen von Straßennamen folgten.[209] Die Debatten über Straßennamen in Deutschland waren zu Beginn des Jahres 2023 noch nicht abgeschlossen. Zu diesem Zeitpunkt trugen einige Straßen in unterschiedlichen Städten und Kommunen noch die Namen von Lüderitz, Wissmann und Lettow-Vorbeck.

Während in Deutschland Namensänderungen erst möglich zu sein scheinen, nachdem abgestimmt wurde und es entsprechende Verordnungen gibt, entlud sich in anderen Orten der Welt der Hass auf die Denkmäler der Kolonialverbrecher. Seit dem Jahr 2020 sind immer wieder Bilder in den Nachrichten zu sehen, die geköpfte oder mit roter Farbe beschmierte Statuen zeigen, sei es aus England, Belgien oder den USA, wo viele Nachkommen von Menschen leben, die unter Kolonialismus und Sklaverei litten. Sie schließen sich in antirassistischen Protestbewegungen zusammen. Viele sehen sich als Teil der Black-Lives-Matter-Bewegung, die nach dem Mord an dem Schwarzen George Floyd durch US-Polizisten im Mai 2020 großen Zulauf erhielt. Wenn sie Denkmäler stürzen, ist das von großer symbolischer Bedeutung.

In Deutschland blieb so etwas die Ausnahme. Ein kritischer Zeitgeist wirkte immerhin zur Zeit der Studierendenbewegung, die Ende der 1960er Jahre das Hermann-von-Wissmann-Denkmal vor der Hamburger Universität vom Sockel stürzte. Der Stadt blieb nichts anderes übrig, als es dann für immer zu entfernen. Der frühere Reichskanzler Otto von Bismarck bleibt in Form eines Denkmals hingegen das Wahrzeichen der Hansestadt. Seit Anfang des Jahres 2020 wurde die riesengroße Statue sogar saniert. Inwieweit es zumindest eine kritische Kommentierung der Rolle Bismarcks bei der Bekämpfung der Demokratie und der Arbeiterbewegung im Reich und als Türöffner für den deutschen Imperialismus geben wird, wenn die Sanierung abgeschlossen ist, ist noch offen.

Diejenigen, die für die sogenannten Völkerschauen verantwortlich waren, werden in der Bundesrepublik ebenfalls weiterhin geehrt. Im Sommer 2010 beschloss der Leipziger Stadtrat, eine Grundschule in Ernst-Pinkert-Schule umzubenennen.[210]

Pinkert war der Gründer des Leipziger Zoos im 19. Jahrhundert. In Zusammenarbeit mit Carl Hagenbeck, nach dem noch heute der Hamburger Zoo benannt ist, veranstaltete Pinkert sogenannte Völkerschauen. Dabei wurden den sensationslüsternen Zuschauern auch Menschen präsentiert, welche die deutschen Vernichtungskriege in den Kolonien überlebt hatten. Im Deutschen Reich sollten sie nun das Publikum amüsieren und sich selbst erniedrigen. Darunter waren auch die Hehe, von Pinkert als »Wahehe-Karawane« bezeichnet. In einem Artikel der *Leipziger Zeitung* vom 16. August 1893 hieß es über die Vorstellung der Ostafrikaner: »Äußerst spannend gestalten sich die Scheingefechte, bei denen die Wildheit, Grausamkeit und Verschlagenheit der Wahehes so recht zu Tage tritt.«[211] Diese Rhetorik, die Menschen aus Afrika als Wilde darstellte, lieferte eine Begründung für den unmenschlichen Umgang mit den Einwohnern der Kolonien.

Woran liegt es also, dass die deutsche Kolonialgeschichte in der Bundesrepublik so lange verherrlicht wurde und viele Bürger dieses Landes noch immer unkritisch auf diese Zeit blicken? Ein wichtiger Grund hierfür ist, dass die große Mehrheit der Westdeutschen, die sich überhaupt mit dem Thema beschäftigten, es sehr lange als rechtmäßig ansahen, dass das Kaiserreich über Kolonien verfügte und die dortigen Widerstände niederschlug. Ursache für die afrikanischen Widerstandsbewegungen sei ein anti-modernistisches, rückwärtsgerichtetes »Stammesdenken« gewesen, behaupteten sie.[212] Es hat lange gedauert, bis dieses eurozentristische Weltbild ins Wanken gekommen ist.

Der Kolonialrevisionismus hat in Deutschland eine lange Geschichte. Nach dem Ersten Weltkrieg herrschte in weiten Teilen der deutschen Politik und Gesellschaft bereits eine entsprechende Stimmung. Die Regierung unter dem Sozialdemokraten Friedrich

Ebert, der danach von 1919 bis zu seinem Tod im Jahr 1925 erster Reichspräsident der Weimarer Republik war, wollte trotz des Verlusts der Kolonien vorerst das Kolonialministerium nicht auflösen. Die deutsche Regierung glaubte nämlich, schon bald wieder zu den Großmächten auf der Welt zu gehören und über fremde Ländereien herrschen zu können.

Während der Weimarer Republik wurden auch bedeutende Schiffe nach den Völkern benannt, die von den Deutschen noch wenige Jahre zuvor in Ostafrika massakriert wurden. So wurde ein Passagierschiff der Hamburger Reederei zu Beginn der 1920er Jahre auf den Namen »Wangoni« getauft, benannt nach dem Volk der Ngoni, die unter den Folgen des Maji-Maji-Krieges besonders gelitten hatten. Der Name des Schiffes sollte nicht an den Widerstand und das Leid dieser Menschen erinnern, sondern an die angeblich ruhmreiche deutsche Kolonialzeit. Die »Wangoni« fuhr ebenso wie die »Wahehe«, benannt nach den Hehe, und weitere Schiffe, deren Namen gleichbedeutend mit Landschaften in Tansania waren, verschiedene afrikanische Häfen an.[213]

Der spätere CDU-Politiker und langjährige Bundeskanzler Konrad Adenauer wurde 1931 Vizepräsident der Deutschen Kolonialgesellschaft, die 1887 gegründet worden war und in der Vertreter des Industrie- und des Finanzkapitals sowie hohe Beamte und Adelige saßen. Ihre Ziele waren eine expansive Kolonialpolitik und die Ausbeutung dieser Gebiete und ihrer Bevölkerungen für die Interessen des deutschen Kapitals. Einer der Vorgänger Adenauers in der Position des Vizepräsidenten war Carl Peters.

Adenauer wurde in einem Telegramm vom früheren Gouverneur der Kolonie Deutsch-Ostafrika, Heinrich Schnee, darüber informiert, dass er Vizepräsident der einflussreichen Gesellschaft werden solle. Er war bei der Vorstandssitzung in Berlin einstimmig gewählt worden. Mit Adenauer sollten breitere Kreise des konservativen Spektrums wieder für den Kolonialismus begeistert werden. In den Führungskreisen der Kolonialgesellschaft wurde lobend erwähnt, dass sich Adenauer »bisher als überzeugter Kolonialmann bewährt« habe. In der neuen Stellung als Vizepräsident werde er sich »in Zukunft nun erst recht für Deutschlands Kolonialwünsche einsetzen«.

Drei Jahre vor seinem Aufstieg in dem Lobbyistenverband für Kolonialismus hatte Adenauer, zu diesem Zeitpunkt Oberbürgermeister der Stadt Köln, verkündet: »Das Deutsche Reich muss unbedingt den Erwerb von Kolonien anstreben. Im Reiche selbst ist zu wenig Raum für die Bevölkerung. Wir müssen für unser Volk mehr Raum haben und darum Kolonien.« Adenauer hatte dabei vor allem die jungen Menschen im Blick. »Nie darf eine deutsche Regierung die Kolonialfrage zur Ruhe kommen lassen, um der deutschen Jugend willen«, sagte er einmal bei einer Kolonialkundgebung in Köln. »Unsere deutsche Jugend muss verkümmern, wenn es nicht gelingt, den allzu engen, mit mäßigem Boden und kargem Klima ausgestatteten Raum Mittel-Europas zu sprengen und ihr neuen, Hoffnung und Lebensmut beflügelnden Betätigungsraum in Übersee zu gewinnen.«[214]

Diese Rhetorik erinnert die an die Propaganda der Nazis, die den deutschen Vernichtungskrieg seit 1941 gegen die Sowjetunion vorbereitete und begleitete. Diese sprachen von einem »Lebensraum im Osten«, der den Deutschen angeblich zustehen würde. Somit ist es nicht verwunderlich, dass die Deutsche Kolonialgesellschaft und die NSDAP ab Ende der 1920er Jahre enge Beziehungen miteinander pflegten. Adenauer besaß nach der Machtergreifung der Nazis im Jahr 1933 keine Funktion mehr, weil er in der falschen Partei – dem katholischen Zentrum – war und diesem treu blieb. Auch aus der Deutschen Kolonialgesellschaft wurde er von den neuen Machthabern entfernt. Trotzdem integrierte er als Bundeskanzler nach dem Zweiten Weltkrieg viele frühere NS-Verbrecher in seiner Regierung und im Beamtenapparat. Bis 1963 war Adenauer bundesdeutscher Regierungschef und beeinflusste somit wie kein anderer die deutsche Politik der Nachkriegszeit. Die CDU verehrt mit ihm einen ihrer Gründungsväter noch immer wie einen Schutzheiligen. Die parteinahe Stiftung trägt seinen Namen.

Einige Vorkämpfer für einen neuen Kolonialismus traten der NSDAP bei. Denn in der Nazi-Partei gab es Pläne zur Eroberung eines zusammenhängenden Gebietes in Mittelafrika.[215] Um dieses Vorhaben voranzutreiben, wurde im Jahr 1934 das Kolonialpolitische Amt der NSDAP gegründet. Ein enger Mitstreiter der Nazis war in dieser Zeit Franz Ritter von Epp, der als Kompanieführer an dem Vernichtungsfeldzug gegen die Herero teilgenommen hatte. Epp wurde zum Leiter des Kolonialpolitischen Amtes ernannt. Leiter des im Jahre 1933 neu geschaffenen Reichskolonialbundes wurde der letzte Gouverneur der einstigen deutschen Kolonie Ostafrika (1912-1919), Heinrich Schnee, der einst wesentlich dafür verantwortlich war, dass Adenauer zu einem der wichtigsten Koloniallobbyisten in Deutschland wurde.

In der Nazizeit wurde ein kolonialer Kult betrieben, Denkmäler wurden errichtet und Filme gedreht, welche die Kolonialpolitik des Kaiserreiches verherrlichten. Im Zweiten Weltkrieg lagen die deutschen Prioritäten allerdings in Europa und in der Vernichtung politischer Gegner und Menschen, die als minderwertig eingestuft wurden, beziehungsweise in ihrer Ausbeutung durch Zwangsarbeit. Das galt vor allem für den Osten des Kontinents. Erst die militärischen Niederlagen in der Sowjetunion ab 1942/1943 brachten dieses System zum Bröckeln.

5.2. Kolonialismus im deutschen Geschichtsunterricht

Wer in Tansania zur Schule gegangen ist, hat zumindest ein Grundwissen über den Maji-Maji-Krieg. Manche schütteln rückblickend den Kopf darüber, dass die Menschen einst dachten, dass sich Gewehrkugeln in Wasser verwandeln könnten, andere sprechen ehrfürchtig über den Mut der einstigen Unabhängigkeitskrieger. Ab dem Alter von zehn Jahren ist der Geschichtsunterricht verpflichtend, dabei geht es selbstverständlich auch um die Historie Tansanias und die Zeit, bevor hier ein unabhängiger Nationalstaat entstanden ist. Die Lehrer klären über den Einfluss der Araber, den Sklavenhandel und den portugiesischen sowie den deutschen Kolonialismus auf.

Die Grundschulzeit umfasst sieben Pflichtjahre. Wer eine weiterführende Schule besucht, beschäftigt sich dort mit der Weltgeschichte und ihren Zusammenhängen. Im Zentrum steht die Frage, welche Entscheidungen aus welchen Gründen in Europa getroffen wurden, um den afrikanischen Kontinent zu kolonisieren. Der Unterricht beschränkt sich aber nicht auf den eigenen Kontinent. Die Schüler lernen, was der Holocaust war, aber auch, welche Auswirkungen der Zweite Weltkrieg auf Afrika hatte.

Der tansanische Botschafter Abdallah Possi erzählt mir, dass er, seit er in Deutschland lebt, spürt, wie unterschiedlich der Geschichtsunterricht in seinem Heimatland und in der Bundesrepublik sei. Hierzulande spiele an den Schulen der Kolonialismus kaum eine Rolle, sagt er. Das wisse er aus eigener Erfahrung. »Meine Kinder gehen hier in Deutschland zur Schule.«

Im föderalen System hierzulande sind die Bundesländer zuständig für Bildung. Die meisten haben Kolonialismus verpflichtend in die Lehrpläne geschrieben. Allerdings wird das Thema meistens nur oberflächlich behandelt. Zuweilen steht dabei auch nicht Deutschland im Fokus, sondern die Schulklassen beschäftigen sich mit Mächten, die eine längere Kolonialgeschichte hatten wie England oder Spanien.

Der Südwestrundfunk SWR berichtete im Sommer 2022, dass die Lehrer in Baden-Württemberg sich künftig vier Unterrichtsstunden mit dem Thema Kolonialismus beschäftigen sollen. Ob und mit welchen Details sich die Schulklassen auseinandersetzen, hängt einerseits von der Lehrkraft ab, aber auch von den Schulbüchern. Deren Autoren neigen zuweilen noch dazu, die Kolonialzeit aus der Perspektive der Täter zu betrachten. So kommt es vor, dass Schüler in der 9. und 10. Klasse die Frage beantworten sollen, welche »positiven Auswirkungen die deutsche Kolonisierung auf den afrikanischen Kontinent hatte«. Dies klingt absurd, wenn man bedenkt, dass kein tansanischer Lehrer eine solche Frage stellen würde, um die Kolonialzeit zu rechtfertigen. Auch der SWR stellte in seinem Beitrag ernüchtert fest, dass insgesamt bisher ein Konzept fehlt, wie mit dem Thema Kolonialgeschichte an Schulen umgegangen werden soll.[216]

Welches Bild die Jugendlichen in Deutschland durch die Schulbücher vermittelt bekommen, hat auch Steffen Vogel in einer Studie beleuchtet, die im Auftrag der Rosa-Luxemburg-Stiftung erarbeitet und 2020 veröffentlicht wurde. Die Lehrenden und Lernenden orientieren sich zumeist an dem in den Büchern vermittelten Wissen. Eine quellenkritische Analyse in Bezug auf die Schulbücher findet in den Schulen so gut wie nie statt. Steffen Vogel hat herausgefunden, dass noch in den 20er Jahren des 21. Jahrhunderts Rassismus und Eurozentrismus in den Lehrwerken reproduziert werden. »Koloniale Afrikabilder, rassistische Begriffe und stereotype Darstellungen« fänden sich in etlichen Büchern. Die abwertende Bezeichnung »Buschleute« für Indigene ist hierfür nur ein Beispiel. Auch werde der Kolonialismus zuweilen in den Kontext eines unkritischen Fortschrittsnarrativs gestellt. Der Prozess der Dekolonisierung gehe in diesem Bereich nur langsam voran, konstatierte Steffen Vogel.

Besonders überraschend an der Studie ist, dass ihr Autor zu dem Schluss kommt, dass die Schulbücher im Laufe der Zeit keineswegs kritischer, aufgeklärter und qualitativ besser in Bezug auf die Informationen über den deutschen Kolonialismus geworden sind. In den 1980er Jahren hatten die Lernenden in der DDR, aber auch in der Bundesrepublik noch Unterrichtswerke in der Hand, die sich auf Quellen afrikanischer Widerstandskämpfer beriefen. In diesen Büchern wurden die Landnahme und Verbrechen der weißen Kolonialisten sowie der Massenmord an den Herero und Nama auf dem Gebiet des heutigen Staates Namibia beschrieben. Diese Schulbücher waren bereits für die Mittelstufe gedacht.

Dagegen fielen die Informationen in den neueren Geschichtsbüchern 30 bis 40 Jahre später inhaltlich wesentlich dünner aus. Großmachtkonkurrenz und Hochimperialismus seien wichtiges Vorwissen zum Verständnis der Ursachen für den Ersten Weltkrieg. Den deutschen Kolonialismus finde man aber oft nur in Wahlmodulen oder im Leistungskurs. Der Völkermord an den Herero und Nama und die Kontroverse um Reparationen durch die Bundesrepublik wurden nicht von jedem der großen Schulbuchverlage erwähnt. So beschränkte sich der Klett Verlag auf die innen- und europapolitische Bedeutung der Kolonien.[217] Obwohl der Maji-Maji-Krieg die größte militärische Auseinandersetzung in den deutschen Kolonien war und schwere Verbrechen, die das Deutsche Reich zu verantworten hatte, zur Folge hatte, bleibt er vor allem aufgrund der lückenhaften Bildungspolitik hierzulande für nahezu alle Schüler in der Bundesrepublik unbekannt.

Ein großes Problem ist, dass es so gut wie keine rassismuskritische Auseinandersetzung im Zusammenhang mit dem Thema Kolonialismus in den Schulbüchern gibt. Auch kann es innerhalb eines Bundeslandes große qualitative Unterschiede geben, was die Materialien im Geschichtsunterricht angeht. In Sachsen-Anhalt wird etwa der Diskurs über die Reparationen für Namibia wegen der einstigen deutschen Kolonialverbrechen beschrieben. Aber das gilt nur für die Gymnasien. Realschüler erfahren nichts über die Kolonialzeit und in Schulbüchern für die Sekundarstufe II werden sogar noch Begriffe wie »Eingeborene« verwendet.[218]

Allerdings gibt es Anzeichen dafür, dass sich in Bezug auf das Thema Kolonialismus in den Schulen bald Einiges ändern könnte. In fast allen Bundesländern sind Petitionen initiiert worden, die das Ziel haben, die Landesregierungen unter Druck zu setzen. Sie verfolgen das Ziel, Antirassismus institutionell in der Bildungsarbeit zu verankern und die Lehrpläne entsprechend zu überarbeiten. Das Thema bewegt viele Menschen. Im Herbst 2021 hatten bereits mehr als 101.000 Personen das Schreiben der Initiative Black History in Baden-Württemberg, die Teil der bundesweiten Bewegung Black History in Deutschland ist, unterzeichnet. Wenn der nächste Bildungsplan für das Bundesland beschlossen wird, dürfte es schwierig werden, die Forderung der Initiative komplett zu ignorieren.[219]

Eine ähnlich große Aufmerksamkeit für das Thema gibt es auch in anderen Bundesländern. Der Forderungskatalog der Aktivisten umfasst auch das Anliegen, eurozentrische Perspektiven aus dem Kunstunterricht, dem Geschichtsunterricht und anderen Bereichen aufzuarbeiten und gegebenenfalls zu entfernen. Dies gelte unter anderem für rassistisch konnotierte Begriffe in Lehrbüchern und im Unterricht. In dem begleitenden Text zur Petition, welche die rassismuskritische Überarbeitung der hessischen Lehrpläne zum Ziel hat, wird deutlich gemacht, dass in den Schulklassen zunehmend auch Kinder und Jugendliche sitzen, die einen persönlichen Bezug zu dem Thema haben. »Ich, Saba, habe mich als Afrodeutsche während meiner Schulzeit lange als Fremde gefühlt. Wo finde ich meine Geschichte? Warum ist Afrika so weit weg, wenn für Deutschland doch Afrika so nah war?«, fragt eine Frau, die in der Bundesrepublik zu Schule gegangen ist, stellvertretend für viele andere.[220]

Frauen, die hinter der Initiative Black History in Baden-Württemberg stehen, wollen, dass die deutschen Bildungseinrichtungen dazu beitragen, dass ihre Kinder keine Rassismuserfahrungen machen müssen und die Schule als weltoffene Menschen verlassen.[221] Es müsse ein »Zusammenhang zwischen kolonialer Geschichte und den aktuellen Debatten um Rassismus, globale Ungleichheit und den Umgang mit ›Anderen‹« herausgestellt werden, so formuliert es die Initiative Leipzig Postkolonial.[222]

Manchmal kann es sinnvoll sein, in der eigenen Umgebung zu recherchieren, um einen Bezug zur Vergangenheit herzustellen. So können Schüler erforschen, welche Bauwerke, Straßennamen, Personen, Wirtschaftszweige und Infrastrukturmaßnahmen im Umfeld der Schule oder des Wohnortes etwas mit der Geschichte zu tun hatten.[223]

Weil sich die Zusammensetzung der Bevölkerung in der Bundesrepublik stark verändert hat, sollte das aus Sicht von kritischen Pädagogen auch Auswirkungen darauf haben, was in der Schule gelehrt wird. Kinder mit Einwanderungsgeschichte sind in den Schulklassen in größeren Städten oft in der Mehrheit. In ihrer persönlichen Geschichte gibt es nicht den abgeschlossenen Raum einer Nation. Darauf muss sich auch der Geschichtsunterricht einstellen und die eurozentristische Perspektive hinter sich lassen.[224]

In der Bundesrepublik gibt es eine Reihe von Initiativen, die daran arbeiten, dass sich die Qualität des Schulunterrichts in Bezug auf die deutsche Kolonialgeschichte verbessert. Das bundesweite Schulnetzwerk Schule ohne Rassismus – Schule mit Courage hat hierzu im Frühjahr 2022 ein Themenheft veröffentlicht. Darin konstatieren die Autoren, dass der heutige Rassismus, vor allem jener gegen Schwarze, ohne das koloniale Erbe Deutschlands und Europas nicht zu verstehen sei. »Kolonialismus und Rassismus gehören zusammen.« Einen realistischen Blick auf den deutschen Schulunterricht bietet in dem Themenheft der Schüler Guilherme. »Der deutsche Kolonialismus findet vielleicht mal im Geschichtsunterricht Platz«, erklärt der 18-Jährige. »Oft wird er dort allerdings nicht tiefgründig behandelt, sondern einfach nur angesprochen.« Es liegt aber nicht nur an den Lehrenden, auch das Interesse von Schülern an Geschichte ist oft nicht besonders ausgeprägt. »Wenn man mich fragt, welches Ereignis aus dem Geschichtsunterricht mir besonders in Erinnerung geblieben ist, fällt mir sofort der Völkermord an den Herero und Nama ein«, berichtet die 18-jährige Schülerin Mariam. »Ich erinnere mich gut an den Geschichtskurs, der gegen Ende der Oberstufe immer mehr schrumpfte, bis wir nur noch um die zehn Leute waren. So wurde es besonders persönlich; beinahe ungehemmt – aber natürlich im akzeptablen Rahmen – konnten wir uns austauschen.«

Das Themenheft bietet neben einer allgemeinen Einführung in die deutsche Kolonialgeschichte viele Anhaltspunkte, um sich mit dem Thema auseinanderzusetzen: Afrikanische Literatur lesen, zum Beispiel das Werk »Afterlives« des tansanischen Literaturnobelpreisträgers Abdulrazak Gurnah, oder ins Gespräch kommen mit heutigen Aktivisten in Deutschland, wie dem Rapper Matondo Castlo, der 1993 in Berlin geboren wurde und dessen Eltern aus der Demokratischen Republik Kongo geflüchtet waren, oder Vertretern der Black-Lives-Matter-Bewegung sowie postkolonialen Vereinen in Deutschland, die sich für einen kritischen Umgang mit der Kolonialvergangenheit einsetzen, Stadtführungen organisieren und an Ausstellungen mitarbeiten.

Die tansanische Geschichte ist ebenfalls Teil des Themenheftes. Julius Nyerere wird neben anderen Persönlichkeiten, die ebenfalls gegen den Kolonialismus gekämpft haben, mit einer Kurzbiografie vorgestellt. Darin wird der Aufstieg des Mannes beschrieben, der 1922 in der Nähe des Viktoriasees als Sohn eines Vaters geboren wurde, dem die deutschen Kolonisatoren den Titel »Chief« verliehen hatten, und der in Uganda sowie in Schottland studiert hatte. Als strahlender Held wird er hier aber nicht präsentiert. Seine Bilanz sei gemischt angesichts des Demokratiedefizits in Tansania und wegen des Scheiterns des Afrikanischen Sozialismus.[225]

Ein paar Sätze erfährt man auch über den Maji-Maji-Krieg. Eine Beschäftigung mit diesem historischen Ereignis und seiner Rezeptionsgeschichte könnte helfen, die eurozentristische Perspektive, die in deutschen Schulen vorherrscht, wenn es um den Kolonialismus geht, zu brechen. Es bietet sich an, den Maji-Maji-Krieg als Widerstandsgeschichte aus afrikanischer Sicht zu betrachten. Die umfassende Arbeit tansanischer Historiker hat dazu geführt, dass zu dem Thema zahlreiche Quellen vorliegen, die auch geeignet sind, um sich in der Schule damit zu beschäftigen. Die Tatsache, dass es sich um einen der größten Kolonialkriege handelte, und seine heutige Bedeutung für den tansanischen Staat rechtfertigen ebenfalls, dass der Maji-Maji-Krieg in den Bildungseinrichtungen der Bundesrepublik eine größere Aufmerksamkeit erhält.

Schluss

Der junge Mann, der hinter der Kasse eines Buchladens in Dar es Salaam steht, sieht mich erstaunt an, nachdem er das oberste Werk des Stapels begutachtet hat, das ich auf den Tresen lege. »Oh, history«, sagt er verblüfft. Der Titel des Buchs weist darauf hin, dass es um die neuere Geschichte Tansanias geht. Es kommen nicht viele Menschen in das Geschäft. Neue Bücher in Läden wie diesen sind Luxusgüter in dem Land. Zwar wissen viele Menschen unter anderem durch Schulunterricht, Zeitungen, Rundfunk, Internet, Fernsehen und Erzählung der Älteren etwas über die Kolonialzeit, den Maji-Maji-Krieg und die Entstehung des eigenen Landes, aber die Bewältigung des Alltags ist für sie weitaus wichtiger.

Die Alltagsprobleme beginnen nicht selten sehr früh im Leben. Viele Kinder in Tansania gehen nicht zur Schule, brechen diese ab oder vernachlässigen die Bildung, weil sie arbeiten müssen, um dazu beizutragen, das Überleben ihrer Familien zu sichern. Aus einem Bericht der Internationalen Arbeitsorganisation ILO aus dem Jahr 2018 geht hervor, dass 4,2 Millionen Tansanier weiterhin Kinderarbeit leisten. Das betrifft junge Menschen im Alter zwischen 5 und 17 Jahren und entspricht 29 Prozent dieser Gruppe. Bei den 5- bis 13-Jährigen waren 2,8 Millionen betroffen, also 25 Prozent. Die Nationalregierung hat versprochen, hiergegen durch neue Gesetze für Arbeitsstandards und durch die Stärkung der sozialen Sicherungssysteme vorzugehen.[226]

Sonderlich optimistisch sollte man diesbezüglich allerdings nicht sein. Dass die Wirtschaft krisenanfällig ist, haben zuletzt die Auswirkungen der Covid-19-Pandemie und des Krieges zwischen

Russland und der Ukraine in vielen Teilen der Welt gezeigt. Der Krieg hat dazu beigetragen, dass Nahrung und Treibstoff teurer geworden sind. Das trifft arme Länder besonders hart. Der Klimawandel macht Tansania ebenfalls zu schaffen. Anhaltende Trockenheit verwandelt einstige Ackerflächen in Steppen.

Vom sozialistischen Experiment des Präsidenten Julius Nyerere ist nicht viel geblieben. Tansania ist eine Klassengesellschaft. Wer durch Dar es Salaam fährt, sieht Wellblechhütten in den Vororten und in der Stadt Villen sowie Hausanlagen für mehrere Parteien, die mit Mauern und Stacheldraht gesichert werden. Bildung ist zwar wichtig, aber nicht allein der Schlüssel zum Erfolg. Ein Hochschulabschluss ist in Tansania keine Garantie dafür, einen gut bezahlten Job zu finden. Wer sich auf Geistes- oder Sozialwissenschaften spezialisiert, dem kann es passieren, dass er sich mit Gelegenheitsjobs über Wasser halten muss. Diese sind nicht nur schlecht bezahlt, sondern es gibt auch wenig Schutz und man kann schnell wieder entlassen werden.

In luxuriösen Restaurants kann sich hingegen die Bourgeoisie des Landes ein Essen leisten, dessen Preis dem Monatslohn vieler ihrer Landsleute entspricht. Man mag es als Fortschritt sehen, dass einigen Menschen in dem Land der Aufstieg geglückt ist und nicht mehr nur die Europäer Privilegien genießen. Der Weg zu einer egalitären Gesellschaft ist aber nicht erkennbar.

Ein junger Akademiker in Dar es Salaam, Mussa Billegeya von der Rosa-Luxemburg-Stiftung, bestätigt mir das. »Die Identität der Menschen bezieht sich heutzutage weniger auf die ethnischen Gruppen, sondern vielmehr auf ihre ökonomischen Klassen«, sagt er. Die Distinktion werde nicht nur durch Kleidung oder Autos sichtbar, sondern auch dadurch, wer wie gut Englisch spricht. »Der Grund hierfür liegt aus meiner Sicht darin, dass wir unsere Wurzeln zerstört haben«, meint er. Dies sei ein Fehler gewesen, der noch während der Regierungszeit von Julius Nyerere gemacht worden sei.

Auch andere Linke in Tansania meinen, dass die Probleme des Landes zum Teil auf die Politik von Nyerere zurückgehen. Der tansanische Soziologe Joachim Mwami erklärt, dass bereits damals eine neue kapitalistische Klasse entstanden sei, die bis heute herrsche. Diese Klasse tut dies allerdings in einer nachgeordneten Position. »Sie ist den Interessen der imperialistischen Mächte Europas, Amerikas und Asiens unterworfen«, sagt Mwami. Es gebe eine kleine Gruppe Kapitalisten und sehr viele Kleinbauern, einen kleinen Industriesektor, eine kleine Arbeiterklasse und zahlreiche Arbeitslose.[227]

Trotz dieser Probleme dominiert nach wie vor die Regierungspartei CCM die Politik des Landes. Der linke Teil der tansanischen Opposition ist in der Partei Allianz des Wandels und der Transparenz (ACT-Wazalendo) organisiert. Sie vertritt klassische sozialdemokratische Positionen und fordert etwa ein Ende der Korruption, den Ausbau der Infrastruktur, eine Verbesserung des Gesundheitswesens und dadurch eine Steigerung der Lebensqualität für alle Einwohner in dem Land. Bildung soll kostenfrei sein.[228] Die Bedeutung der linken Oppositionspartei ist in Tansania marginal. Sie stellte nach der Parlamentswahl im Jahr 2020 lediglich fünf Abgeordnete.

Spitzenpolitiker von ACT-Wazalendo haben ebenso wie Vertreter anderer Parteien große Glaubwürdigkeitsprobleme. Bezeichnend hierfür war die Laufbahn von Anna Mghwira, die im Juli 2021 gestorben ist und vor allem das Ziel verfolgte, ihre eigene Karriere voranzubringen. Sie begann diese in der Jugendorganisation von Nyereres Partei TANU, wechselte dann zur rechten und neoliberalen Oppositionspartei Chadema, verließ diese wieder, schloss sich der Linken an und trat für sie bei der Präsidentschaftswahl 2015 an. Anna Mghwira wandte sich nach wenigen Jahren auch von der Linken ab und trat 2017 der Regierungspartei CCM bei. Damit folgte sie einigen früheren Parteikollegen, die bereits erklärt hatten, den damaligen Staatspräsidenten und CCM-Funktionär John Magufuli unterstützen zu wollen.[229] Dem Staatsoberhaupt wurden in dieser Zeit von Oppositionellen zunehmend autoritäre Methoden vorgeworfen. Außerdem verfolge er das Ziel, einen Ein-Parteien-Staat schaffen zu wollen.[230]

Wer sich nicht mit der CCM arrangiert und ernsthafte Oppositionsarbeit macht, der kann Probleme mit dem tansanischen Staat und seinen Sicherheitskräften bekommen. So werfen die Unterstützer des Musikers und politischen Aktivisten Vitali Maembe der Polizei vor, ihn wegen seiner kritischen Songtexte, in denen er Korruption und Ungleichheit anprangert, immer wieder zu schikanieren. Vitali Maembe wurde mehrfach verhaftet, so auch im November 2021 in Bagamoyo. Ähnlich geht der Staat auch mit anderen Oppositionellen um.[231]

Bedroht sind in Tansania außerdem Menschen, die sich zu ihrer Homosexualität bekennen. Sie müssen nach einer Verurteilung mehrjährige Haftstrafen fürchten. Der gesellschaftliche Liberalismus beschränkt sich in dem Land weitgehend auf den Umgang mit den unterschiedlichen Religionen. Ich schreibe das, um deutlich zu machen, dass es keinen Grund dafür gibt, das Land im 21. Jahrhundert zu romantisieren. Es ist möglich, die gegenwärtige Politik des Landes zu kritisieren und gleichzeitig zu betonen, dass die Bundesregierung eine rechtliche und moralische Verpflichtung hat, mit den politischen Vertretern Tansanias über die Kolonialzeit zu sprechen, die einstigen Verbrechen anzuerkennen und die Nachkommen der Opfer zu entschädigen.

Alle Bundesregierungen der vergangenen Jahrzehnte sahen das anders. Sie haben zum Maji-Maji-Krieg und dem Genozid geschwiegen. Somit standen auch sie der Entwicklung im Weg, an dessen Ende ein Gespür für die eigene historische Verantwortung und für die bestehenden globalen Ungerechtigkeiten stehen müsste. Der berühmte Satz aus einem Gedicht von Bertolt Brecht über einen reichen und einen armen Mann »Wär ich nicht arm, wärst Du nicht reich« gilt nicht nur für Ausbeutungsverhältnisse innerhalb von Staaten, sondern auch für das Verhältnis zwischen dem Globalen Norden und dem Globalen Süden. Grundsteine hierfür wurden auch während der Kolonialzeit gelegt.

Immerhin gibt es Ansätze für ein gemeinsames Erinnern an die einstigen Verbrechen. Ein Beispiel hierfür ist die Ausstellung zur tansanischen Geschichte, die ab dem Herbst 2024 erst im Berliner Humboldt Forum und dann in Tansania zu sehen sein soll und an der Wissenschaftler aus beiden Ländern mitgearbeitet haben. Auch Künstler aus beiden Ländern haben in den vergangenen Jahren miteinander kooperiert. Im Oktober 2016 fand die Uraufführung des Theaterstücks Maji Maji Flava. Postkoloniale Theaterperformance« in Kassel statt. Es wurde von Flinn Works, einer Kompanie für moderne Theaterereignisse zur globalisierten Welt aus der hessischen Stadt, entwickelt.[232] Mit dabei waren auch Tänzer und Musiker von Asedeva aus Dar es Salaam und Mitglieder des Staatstheaters Kassel. Das Stück handelt vom Maji-Maji-Krieg, Rassismus, Entwicklungshilfe und dem Umgang mit der Kolonialgeschichte im 21. Jahrhundert. Aus tansanischen Rhythmen und Liedern der kaiserlichen Schutztruppe entstand eine musikalische Theater- und Tanzperformance. Allerdings erreichen solche Projekte nur ein Nischenpublikum und nicht die breite Masse.

Letzteres können nur Bildungsinstitutionen leisten. Sie haben den Auftrag, junge Menschen auch über historische Wahrheiten aufzuklären. Die Beschäftigung mit der Kolonialzeit gibt auch Antworten auf die Frage der Schüler nach den Ursachen für die Naziherrschaft. Es gibt viele Belege für Kontinuitäten zwischen Politik und Gesellschaft im Kaiserreich und in der Nazizeit. Um die Wurzeln des deutschen Faschismus verstehen zu können, ist es unerlässlich sich auch mit seiner historischen Vorgeschichte zu beschäftigen, mit Imperialismus, Zwangsarbeit, Ausbeutung und den Genoziden zu Beginn des 20. Jahrhunderts in Afrika.

Das lässt sich auch an Personen festmachen. Ich habe in diesem Buch schon einige erwähnt wie die früheren Gouverneure in Deutsch-Ostafrika, Heinrich Schnee und Eduard von Liebert, die sich später den Nazis anschlossen. In diesem Zusammenhang kann auch Alfred Hugenberg genannt werden. Der Montan-, Rüstungs- und Medienunternehmer hatte 1891 gemeinsam mit Carl Peters den Allgemeinen Deutschen Verband gegründet, der sich 1894 in Alldeutscher Verband umbenannte. Ein Ziel des Verbands war die

Unterstützung für Kreise, welche die Eroberung, Ausbeutung und Kolonisierung von Gebieten in Übersee forderten. Hugenberg war mit seinen Medien und seiner Politik als Vorsitzender der reaktionären Deutschnationalen Volkspartei DNVP an der Zerstörung der Weimarer Republik beteiligt und ein Förderer von Adolf Hitler.[233]

Es reicht nicht, Straßen umzubenennen, die einst an die deutschen Kolonialisten erinnerten, sondern die Menschen in der Bundesrepublik müssen auch über historische Zusammenhänge und die damaligen Akteure aufgeklärt werden. Aktivisten fordern seit Jahren ein afrikanisches Denkmal in Berlin, das an die Opfer von Kolonialismus, Versklavung und Rassismus erinnern soll. Sie organisieren alljährlich einen Gedenkmarsch in der Bundeshauptstadt, der um den 26. Februar stattfindet, dem Jahrestag des Endes der Berliner Afrika-Konferenz 1885. Erinnert wird auch an diejenigen, die Widerstand gegen dieses unmenschliche System geleistet haben.

Eine von ihnen war Nduna Mkomanile, die zusammen mit 66 Männern aus der Maji-Maji-Bewegung im Februar 1906 in Songea hingerichtet wurde und derer in Tansania alljährlich gedacht wird. Der Name von Nduna Mkomanile stand zur Auswahl, als eine siebenköpfige Jury, bestehend aus zwei postkolonialen Aktivisten, drei Bewohnern der Wissmannstraße sowie zwei Experten für die Geschichte Berlin-Neuköllns, über die Umbenennung der Straße diskutierte. Letztlich entschieden sie sich aber für Lucy Lameck als Namensgeberin und damit für eine Vertreterin der neueren Geschichte Tansanias. »Lucy Lameck repräsentiert tansanische Frauen, die hart für die Freiheit des Landes gekämpft haben. Ihr Beitrag für die Unabhängigkeit von Tansania ist bis heute nicht ausreichend beachtet worden«, sagte der in Berlin lebende Aktivist Mnyaka Sururu Mboro.[234] Die erste weibliche Abgeordnete des Landes hatte in den 1970er Jahren Frauen auf dem afrikanischen Kontinent dazu aufgerufen, den Kampf gegen Fremdherrschaft, Diskriminierung und Minderheitenregime mit den Männern gemeinsam zu führen.

»In Tansania sind Frauen in die Partei TANU eingetreten und haben dort mit Männern zusammengearbeitet, bis die Unabhängigkeit erreicht war. Heutzutage nehmen sie an der Politik teil, haben verantwortliche Ämter in der Partei, der Regierung und in halbstaatlichen Organisationen.«[235] Eine Straße in Dar es Salaam trägt schon lange den Namen von Lucy Lameck. Sie befindet sich etwa sechs Kilometer nördlich vom Nationalmuseum, wo die Geschichte von Nduna Mkomanile, einer der mutigen Vorgängerinnen von Lucy Lameck, erzählt wird.

Anmerkungen

1. Deutsche Herrschaft in Ostafrika

1 Vgl. Prof. Dr. Oswald Masebo: Tanzanian Perspectives on German Colonial History. Online-Vortrag an der Universität Hamburg, 17. September 2021. Verfügbar auf youtube.com.
2 Vgl. Gilbert Clement Gawana Gwassa: The Outbreak and Development of the Maji Maji War 1905–1907. Köln, 2005. Seiten 12-13.
3 Vgl. Ludger Wimmelbücker: Verbrannte Erde. Zu den Bevölkerungsverlusten des Maji-Maji-Krieges, in: Felicitas Becker und Jigal Beez: Der Maji-Maji-Krieg in Deutsch-Ostafrika 1905-1907. Berlin, 2005. Seite 92.
4 Vgl. Andreas Eckert: Die Legende von der »freien Arbeit«, in: Der Spiegel Geschichte, 5/2022.
5 Vgl. Minu Haschemi Yekani: Koloniale Arbeit: Rassismus, Migration und Herrschaft in Tansania (1885-1914). Frankfurt a. M., 2019. Seite 11.
6 Vgl. Jürgen Zimmerer: Bismarck und der Kolonialismus, in: APuZ – Aus Politik und Zeitgeschichte. 20.3.2015.
7 Vgl. Mark Terkessidis: Das postkoloniale Klassenzimmer. Berlin, 2021. Seiten 18-19.
8 Vgl. Karl Radek: Der deutsche Imperialismus und die Arbeiterklasse. Bremen, 1911. Zitiert nach marxists.org.
9 Vgl. Karolin Oppermann: Missionarinnen und Missionare als Akteure der Transformation und des Transfers. Außereuropäische Kontaktzonen und ihre europäischen Resonanzräume, 1860–1940, in: hsozkult.de, 12.11.2011.
10 Vgl. Eva-Maria Götz: Christliche Überlegenheitsdoktrin, in: deutschlandfunk.de, 3.12.2020.
11 Vgl. Bartholomäus Grill: Die ewige Safari: Anmerkungen zur Verklärung der deutschen Kolonialzeit, in: Hans-Martin Hinz: Mit Zauberwasser gegen Gewehrkugeln: Der Maji-Maji-Aufstand im ehemaligen Deutsch-Ostafrika vor 100 Jahren. Frankfurt a. M., 2006. Seite 43.
12 Vgl. Sonja Mezger: Presse und Kolonialpolitik: Der Maji-Maji-Krieg in »Deutsch-Ostafrika«. Magisterarbeit an der Humboldt-Universität zu Berlin, 2004. Seite 20.
13 Vgl. Aus dem Programm-Entwurf der KPD vom 1922. Zitiert nach 1000dokumente.de.

14 Vgl. Alan Nothnagle: Hans Paasches Weg vom Kolonialoffizier zum Pazifisten, in: Mit Zauberwasser gegen Gewehrkugeln. Seite 127.
15 Vgl. Ulrich van der Heyden: Mit Gott und Peitsche, in: junge Welt, 13.1.2018.
16 Vgl. Afrika in Berlin – Ein Stadtspaziergang des Deutschen Historischen Museums. 10. Der Reichstag und die »Hottentottenwahl« von 1907. Zitiert nach dhm.de.
17 Vgl. Ulrich van der Heyden: Kolonialkrieg und deutsche Innenpolitik – Die Reichstagswahlen von 1907, in: freiburg-postkolonial.de, 5/2007.
18 Vgl. Radek: Der deutsche Imperialismus und die Arbeiterklasse.
19 Vgl. Hans Schmid: Ich bin ich, in: telepolis.de, 16. Februar 2014.
20 Vgl. Jürgen Voges: Der Stein des Anstoßes, in: taz, 28.6.1994.
21 Vgl. Sascha Nitsche: Neuhaus: Der Gemeinderat hadert mit der Geschichte um Carl Peters, in: Schweriner Volkszeitung, 4.10.2022.
22 Vgl. Rolf Cantzen: Kolonialmythen in Deutschland, in: SWR2 Wissen, Erstsendung: 11.3.2016.
23 Vgl. Reinhardt Klein-Arendt: Ein Land wird gewaltsam in Besitz genommen, in: Der Maji-Maji-Krieg in Deutsch-Ostafrika 1905-1907. Seiten 29-30.
24 Vgl. Ulrich van der Heyden/Achim von Oppen: Tanzania: Koloniale Vergangenheit und neuer Aufbruch. Münster, 1996. Seite 5.
25 Vgl. Thilo Thielke: »Aus der Nummer kommt Deutschland nicht heraus«, in: spiegel.de, 8.3.2017.
26 Vgl. »Hänge-Peters«: Dr. Carl Peters (1856-1918), in: afrika-hamburg.de.
27 Vgl. Birthe Kundrus: Rezension des Buchs: Arne Perras: Carl Peters and German Imperialism 1856-1918. A political bibliography. Oxford, 2004, in: hsozkult.de, 8.11.2005.
28 Vgl. Gerd Schumann: Kaiserstraße: Der deutsche Kolonialismus und seine Geschichte, Köln, 2021. Seiten 93-95.
29 Vgl. ebd. Seiten 148-154.
30 Vgl. Hermann Parzinger: Der vergessene Krieg der Deutschen, in: spiegel.de, 27.2.2017.
31 Vgl. Carsten Bolz: Die Stimmen der Steine: Tansania heute nach Mission und Aufbruch, in: kulturrat.de, 27.8.2019.
32 Vgl. Helmut Bley: Deutsche Kolonialpolitik in Afrika 1904-1918. Eine Interpretation, in: Mit Zauberwasser gegen Gewehrkugeln. Seite 14.
33 Vgl. Thomas Morlang: Sie haben es so gewollt, in: Die Zeit, 30.7.1998.
34 Vgl. Alexander Merensky: Wie erzieht man am besten den Neger zur Plantagen-Arbeit?, Berlin, 1886. Seiten 20-34.
35 Vgl. Michael Hartmann: Alexander Merensky – zwei Karten eines Missionars aus Deutsch-Ostafrika, in: blog-fbg.uni-erfurt.de, 20.11.2018.
36 Vgl. Klein-Arendt: Ein Land wird gewaltsam in Besitz genommen, Seiten 41-44.
37 Vgl. Sören Utermark: »Schwarzer Untertan versus schwarzer Bruder«: Bernhard Dernburgs Reformen in den Kolonien Deutsch-Ostafrika, Deutsch-Südwestafrika, Togo und Kamerun. Dissertation an der Universität Kassel, 2011, Seite 63.
38 Vgl. Vor 115 Jahren: Der Maji-Maji-Aufstand, in: bpb.de, 26.8.2020.

39 Vgl. Gwassa: Outbreak and Development. Seiten 85-88.
40 Vgl. Thorsten Altena: »Ein Häuflein Christen mitten in der Heidenwelt des dunklen Erdteils«: Zum Selbst- und Fremdverständnis protestantischer Missionare im kolonialen Afrika 1884-1918. Münster, 2003. Seite 182.
41 Vgl. Alexander Merensky: Die Berliner Mission während des Aufstandes in Deutsch-Ostafrika, in: Afrika 13, 1906. Seiten 11-14.
42 Vgl. Claus Kristen: Die Taktik der »verbrannten Erde«: Die Folgen der deutschen Kolonialherrschaft in Ostafrika, in: ak – analyse & kritik, 17.2.2006.
43 Vgl. Jigal Beez: Mit Wasser gegen Gewehre, in: Der Maji-Maji-Krieg. Seite 61.
44 Vgl. Karl-Martin Seeberg: Der Maji-Maji-Krieg gegen die deutsche Kolonialherrschaft: Historische Ursprünge nationaler Identität in Tansania. Berlin, 1989. Seite 36.
45 Vgl. Klein-Arendt: Ein Land wird gewaltsam in Besitz genommen. Seite 32.

2. Verbrannte Erde

46 Vgl. Jamie Monson: Gedenken um der Zukunft willen: Der Maji-Maji-Aufstand von 1905 bis 1907, in: der-ueberblick.de, 2/2005.
47 Vgl. Die neue Lucy-Lameck-Straße in Neukölln – Umfangreiches Rahmenprogramm zur Umbenennung, in: berlin.de, Pressemitteilung vom 16.4.2021.
48 Vgl. Gustav Adolf Graf von Götzen: Deutsch-Ostafrika im Aufstand 1905/06. Berlin, 1909. Seite 159
49 Vgl. Gwassa: Outbreak and Development. Seiten 217-218.
50 Vgl. Seeberg: Der Maji-Maji-Krieg. Seite 43.
51 Vgl. Pangwa in Tanzania, in: joshuaproject.net.
52 Vgl. Heiko Wegmann: Vom Kolonialkrieg in Deutsch-Ostafrika zur Kolonialbewegung in Freiburg: Der Offizier und badische Veteranenführer Max Knecht (1874-1954). Freiburg im Breisgau, 2019. Seite 174.
53 Vgl. Jigal Beez: Geschosse zu Wassertropfen: Sozio-religiöse Aspekte des Maji-Maji-Krieges in Deutsch-Ostafrika (1905-1907). Köln, 2003. Seite 103.
54 Vgl. Inka Chall, Sonja Mezger: Die Perspektive der Sieger, in: Der Maji-Maji-Krieg. Seiten 143-146.
55 Vgl. Götzen: Deutsch-Ostafrika im Aufstand. Seite 101.
56 Vgl. Gwassa: Outbreak and Development. Seite 71.
57 Vgl. Wegmann: Vom Kolonialkrieg in Deutsch-Ostafrika. Seite 103.
58 Vgl. Gwassa: Outbreak and Development. Seite 77.
59 Vgl. ebd. Seite 186.
60 Vgl. ebd. Seiten 191-192.
61 Vgl. Seeberg: Der Maji-Maji-Krieg. Seiten 80-81.
62 Vgl. Götzen: Deutsch-Ostafrika im Aufstand. Seite 178.
63 Vgl. Terkessidis: Das postkoloniale Klassenzimmer. Seite 28.
64 Vgl. Götzen: Deutsch-Ostafrika im Aufstand. Seiten 233-234.
65 Vgl. ebd. Seite 245.

66 Vgl. Klaus Bachmann, Gerhard Kemp: Was Quashing the Maji-Maji Uprising Genocide? An Evaluation of Germany's Conduct through the Lens of International Criminal Law, in: *Holocaust and Genocide Studies.* Volume 35, Issue 2, 2021. Seiten 235-249.
67 Vgl. Gwassa: Outbreak and Development. Seite 177.
68 Vgl. Wimmelbücker: Verbrannte Erde. Seite 87.
69 Vgl. Bachmann, Kemp: Was Quashing the Maji-Maji Uprising Genocide?
70 Vgl. Wegmann: Vom Kolonialkrieg in Deutsch-Ostafrika. Seiten 175-176.
71 Vgl. Wimmelbücker: Verbrannte Erde. Seite 99.
72 Vgl. Wegmann: Vom Kolonialkrieg in Deutsch-Ostafrika. Seite 179.
73 Vgl. Michael Epkenhans: Deutsche Kolonialkriege: Auch hier: Kein deutscher Sonderweg. Frankfurter Allgemeine Zeitung, 4.4.2011.
74 Vgl. Wegmann: Vom Kolonialkrieg in Deutsch-Ostafrika. Seiten 100-101.
75 Vgl. Bachmann, Kemp: Was Quashing the Maji-Maji Uprising Genocide?
76 Vgl. ebd.
77 Vgl. Seeberg: Der Maji-Maji-Krieg. Seite 83.
78 Vgl. Götzen: Deutsch-Ostafrika im Aufstand. Seite 133.
79 Vgl. Jonas Kreienbaum: Konzentrationslager im Kolonialismus: Täler der Verzweiflung, in: taz, 16.7.2015.
80 Vgl. Jürgen Zimmerer: Robert Koch: Der berühmte Forscher und die Menschenexperimente, in: spiegel.de, 27.5.2020.
81 Vgl. ebd.
82 Vgl. Manuela Bauche: Robert Koch, die Schlafkrankheit und Menschenexperimente im kolonialen Ostafrika, in: freiburg-postkolonial.de. Juni 2006.
83 Vgl. Julia Amberger: Robert Koch und die Verbrechen von Ärzten in Afrika, in: deutschlandfunk.de. 26.12.2020
84 Vgl. Sarah Ehlers: Europa und die Schlafkrankheit. Koloniale Seuchenbekämpfung, europäische Identitäten und moderne Medizin 1890–1950. Kritische Studien zur Geschichtswissenschaft, Bd. 232. Göttingen, 2019. Seite 210.
85 Vgl. Sarah Ehlers: Disease Control and Human Experimentation: Networks, Practices, and Biographical Pathways from Colonial Medicine to Nazi Germany, in: Michelle Gordon, Rachel O`Sullivan: Colonial Paradigms of Violence: Comparative Analysis of the Holocaust, Genocide, and Mass Killing. European Holocaust Studies, Vol. 4. Göttingen, 2022. Seite 101.
86 Vgl. Wegmann: Vom Kolonialkrieg in Deutsch-Ostafrika. Seite 104.
87 Vgl. Aert van Riel: Das Portemonnaie bleibt zu: Herero und Nama verlieren vor Gericht in New York, in: neues deutschland, 8.3.2019.
88 Vgl. Sevim Dağdelen: Verhöhnung statt Versöhnung, in: nd.DerTag, 25.2.2022.
89 Vgl. Daniel Pelz: Herero und Nama klagen gegen Völkermord-Abkommen mit Deutschland, in: dw.com, 20.1.2023.
90 Vgl. Alexander Marek: Boxeraufstand: »Pardon wird nicht gegeben«, in: Der Tagesspiegel, 7.8.2000.
91 Vgl. Alexandra Gittermann: Afrika-Ausbeuter Adolph Woermann: Steinreich durch Schnaps und Zwangsarbeit, in: spiegel.de, 23.03.2021.

92 Vgl. van der Heyden: Mit Gott und Peitsche.
93 Vgl. Reinhard Veser: Polen will von Deutschland 1,3 Billionen Euro Reparationen, in: Frankfurter Allgemeine Zeitung, 1.9.2022.
94 Vgl. Athen beziffert deutsche Schuld auf 278 Milliarden Euro, in: spiegel.de, 7.4.2015.
95 Vgl. Bachmann, Kemp: Was Quashing the Maji-Maji Uprising Genocide?
96 Vgl. ebd.
97 Vgl. Bundestag ordnet Holodomor als Völkermord ein, in: bundestag.de, 30.11.2022.
98 Vgl. Aert van Riel: Geschichtsstunde mit Lücken, in: nd.DerTag, 1.12.2022.
99 Vgl. Vidunda in Tanzania, in: joshuaproject.net.
100 Vgl. Wegmann: Vom Kolonialkrieg in Deutsch-Ostafrika. Seiten 117-122.
101 Vgl. ebd. Seite 156.
102 Vgl. ebd. Seiten 128-173.
103 Vgl. ebd. 177.
104 Vgl. Gwassa: Outbreak and Development. Seiten 210-211.
105 Vgl. Götzen: Deutsch-Ostafrika im Aufstand. Seite 179.
106 Vgl. Achim von Oppen: Landkonflikte, Ökologie und Entwicklung in der Geschichte Tanzanias, in: Koloniale Vergangenheit und neuer Aufbruch. Seite 51.
107 Vgl. Simone Schlindwein: Militarisierter Naturschutz in Afrika: Das koloniale Erbe der Nationalparks, in: taz, 24.3.2020.
108 Vgl. Kristen: Die Taktik der »verbrannten Erde«.
109 Vgl. Günther Lanier: Landraub der anderen Art. Naturschutz in Afrika und seine Militarisierung, in: radioafrika.net. 11.8.2021.
110 Vgl. Magufuli orders Selous Reserve split into two, in: thecitizen.co.tz, 10.4.2021.
111 Vgl. Tansania: Safaritourismus – 70.000 Massai droht Vertreibung, in: amnesty.de, 13.7.2022.
112 Vgl. Vertreibung der Massai: Vorrang für Touristen und Jäger, in: deutschlandfunkkultur.de, 22.12.2022.
113 Vgl. Gwassa: Outbreak and Development. Seiten 220-223.
114 Vgl. Felicitas Becker: Südost-Tansania nach dem Maji-Maji-Krieg, in: Der Maji-Maji-Krieg. Seiten 184-186.

3. »Wiedergutmachung« oder Neokolonialismus?

115 Vgl. Monson: Gedenken um der Zukunft willen.
116 Vgl. Vor 115 Jahren: Der Maji-Maji-Aufstand, in: bpb.de.
117 Vgl. Stefan Otto: Wasser gegen Gewehre, in: junge Welt, 19.11.2005.
118 Vgl. Rare Footage of Julius Nyerere at the UN General Assembly in 1961. Verfügbar auf youtube.com.
119 Vgl. »Planmäßige Schädigung der feindlichen Bevölkerung«, in: antifainfoblatt.de. 20.3.2008.

120 Vgl. Jan Ruhkopf: Das Bundesministerium für Vertriebene, Flüchtlinge und Kriegsgeschädigte. Ein Werkstattbericht, in: kulturforum.info, Mai 2020.
121 Vgl. Eric Burton: In Diensten des Afrikanischen Sozialismus. Tansania und die globale Entwicklungsarbeit der beiden deutschen Staaten, 1961–1990. Berlin, 2021. Seite 116.
122 Vgl. Podiumsgespräch: Von der »kolonialen Entwicklung« zum Entwicklungskolonialismus?, in: Koloniale Vergangenheit und neuer Aufbruch. Seite 91.
123 Vgl. Rede des Herrn Ministerpräsidenten Kai-Uwe von Hassel aus Anlass der 34. Tagung der Deutschen Gesellschaft für Gynäkologie, in: link.springer.com. Berlin/Heidelberg, 1963.
124 Vgl. Jan Georg Deutsch: Vom Bezirksamtmann zum Mehrparteiensystem, in: Koloniale Vergangenheit und neuer Aufbruch. Seite 38.
125 Vgl. Antje Diekhans: DDR-Platte unter Palmen, in: deutschlandfunkkultur.de, 6.1.2018.
126 Vgl. Ulf Engel: Anerkennungsdiplomatie in Tansania 1964-1965, in: Ulrich van der Heyden, Franziska Benger: Kalter Krieg in Ostafrika: Die Beziehungen der DDR zu Sansibar und Tansania. Münster, 2009. Seiten 20-29.
127 Vgl. Podiumsgespräch, in: Koloniale Vergangenheit und neuer Aufbruch. Seite 92.
128 Vgl. Karsten Legère: Als Afrikanist an der Universität von Daressalam, in: Kalter Krieg in Ostafrika. Seiten 33-34.
129 Vgl. Burton: In Diensten des Afrikanischen Sozialismus. Seite 149.
130 Vgl. Isaria N. Kimambo / Gregory H. Maddox / Salvatory S. Nyanto: A new history of Tanzania. Dar es Salaam, 2017. Seite 5.
131 Vgl. van der Heyden: Mit Gott und Peitsche.
132 Vgl. Ders.: Tansania in der DDR-Wissenschaft: Eine paradigmatische Untersuchung der Afrika- und Kolonialgeschichtsschreibung in der DDR, in: Kalter Krieg in Ostafrika. Seite 157.
133 Vgl. Isaria N. Kimambo: A new history of Tanzania. Seite 6.
134 Vgl. Gerhard Klas: Ein Millionenspiel: Auswirkungen der Globalisierung in Tansania exemplarisch untersucht, in: junge Welt, 2.-4. Juli 2002.
135 Vgl. Dorothee Braun: Wo Gold zu Stroh wird: Politik und die Plünderung metallischer Rohstoffe in Tansania, in: zeitschrift-luxemburg.de, Oktober 2017.
136 Vgl. Neue Märkte – Neue Chancen: Ein Wegweiser für deutsche Unternehmen. Tansania, in: giz.de, März 2022.
137 Vgl. Marion Guégan, Cécile Schilis-Gallego: Green Blood: Silence is golden for a Tanzanian Mine, in: investigations.namibian.com.na, 18.6.2019.
138 Vgl. Neue Märkte – Neue Chancen: Ein Wegweiser für deutsche Unternehmen.
139 Vgl. Daniel El-Noshokaty, Lea Rösner: Ausländische Investitionen im tansanischen Bergbausektor auf dem Prüfstand, in: kas.de, November 2017.
140 Vgl. Christian Selz: Tansania will Entschädigung, in: junge Welt, 3.3.2017.
141 Vgl. Afrikareise von Heiko Maas: Tansania will keine Entschädigung von Deutschland, in: zeit.de, 4.5.2018.
142 Vgl. Tansania will über Wiedergutmachung verhandeln, in: faz.net, 5.2.2020.

143 Vgl. Brachiosaurus brancai – eine politische, wissenschaftliche und populäre Ikone, in: museumfuernaturkunde.berlin.

144 Vgl. Götzen: Deutsch-Ostafrika im Aufstand. Seite 166.

145 Vgl. Saurierwelt, in: museumfuernaturkunde.berlin.

146 Vgl. Johannes Großmann: Vom Saurierjäger zum Menschenfänger: Der Tübinger Paläontologe Edwin Hennig zwischen Kolonialismus und Nationalsozialismus, in: Geschichte in Wissenschaft und Unterricht. Oktober 2021.

147 Vgl. Eberhard Schade: Debatte um Rückgabe von Kulturgütern: Wem gehört der Dino?, in: deutschlandfunkkultur.de, 27.12.2020.

148 Vgl. Ina Heumann, Holger Stoecker und Mareike Vennen: Dinosaurierfragmente: Zur Geschichte der Tendaguru-Expedition und ihrer Objekte, 1906-2018. Göttingen, 2018. Seite 272.

149 Vgl. Deutscher Bundestag: Drucksache 19/5130. 19. Wahlperiode, 18.10.2018.

150 Vgl. Aert van Riel: Bronzen als Türöffner, in: nd.DerTag. 19.12.2022.

151 Vgl. Interview mit Jürgen Zimmerer: »Es fehlt der politische Wille, koloniale Raubkunst zu restituieren«, in: deutschlandfunkkultur.de, 15.12.2020.

152 Vgl. Nationalmuseum von Tansania und Humboldt Forum kooperieren, in: zeit.de, 11.4.2022.

153 Vgl. Masebo: Tanzanian Perspectives on German Colonial History.

154 Vgl. Susanne Messmer: Benin-Bronzen im Humboldt Forum: Es bleibt angenehm unfertig, in: taz, 16.9.2022.

155 Vgl. 100 Jahre nach dem Ende des deutschen Kolonialreichs: Tansania fordert Deutschland offiziell zur Rückgabe gestohlener Körperteile von Kolonisierten auf, in: rdl.de, 30.10.2018.

156 Vgl. Koloniale Raubkunst: Frankreich und Deutschland wollen zusammenarbeiten, in: dw.com, 8.2.2019.

157 Vgl. Stiftung Preußischer Kulturbesitz: Schädel aus dem ehemaligen Deutsch-Ostafrika bereit für Rückgabe, in: deutschlandfunkkultur.de, 19.1.2023.

158 Vgl. Katja Iken: Wo steckt der Kopf des Mangi Meli?, in: spiegel.de, 28.3.2021.

4. Erinnern in Tansania

159 Vgl. Interview mit Joachim Mwami: Was heißt Tauschwert auf Kiswahili?, in: nd.DieWoche, 15.2.2022.

160 Vgl. Jigal Beez: Die Maji-Botschaft und ihre religiösen Einflüsse und Auswirkungen, in: Mit Zauberwasser gegen Gewehrkugeln. Seite 70.

161 Vgl. Felicitas Becker: Für einige Zeit wiederbelebt, in: Der Maji-Maji-Krieg. Seiten 171-173.

162 Vgl. Seeberg: Der Maji-Maji-Krieg. Seite 12.

163 Vgl. Masebo: Tanzanian Perspectives on German Colonial History.

164 Vgl. Beez: Geschosse zu Wassertropfen. Seite 47.

165 Vgl. Ebrahim Hussein: Kinjeketile: Nacherzählt von Lourenco Noronha, in: afrika.univie.ac.at, Mai 2009.

166 Vgl. Eliah S. Mwaifuge: German Colonialism, Memory and Ebrahim Hussein's Kinjeketile, in: Research on Humanities and Social Sciences. Vol. 4, No. 28, 2014.
167 Vgl. Iman Mani: Tanzania: Chief Mkwawa Film Set Path to Follow, in: allafrica.com, 17.12.2011.
168 Vgl. Peter Strotmann: Der Schädel des Mkwawa, in: Weser-Kurier, 8.5.2016.
169 Vgl. Bettina Brockmeyer: Interpreting an Execution in German East Africa: Race, Gender and Memory, in: Ulrike Lindner und Dörte Lerp: New Perspectives on the History of Gender and Empire: Comparative and Global Approaches. London, 2018. Seiten 100-104.
170 Vgl. About Mkwawa Company, in: mkwawatobacco.com.
171 Vgl. Reginald Kirey: Vielschichtige Erinnerung, in: inkota.de, 27.9.2022.
172 Vgl. Birthplace of the Africa born population in Great Britain, in: researchgate.net.
173 Vgl. John Iliffe: A modern history of Tanganyika. Cambridge, 1979. Seiten 174-175.
174 Vgl. mkomanilecraft.org.
175 Vgl. Heinz Schneppen: Early days of the Ocean Road Hospital in Dar es Salaam: from mission hospital to government hospital. Abstract, in: pubmed.ncbi.nlm.nih.gov, Januar, 2000.
176 Vgl. Bulletin of Tanzanian Affairs: Issued by the Britain-Tanzania Society, in: tzaffairs.org, No. 20, Januar 1985.
177 Vgl. Dominicus Zimanimoto Makukula: 12 Chiefs with the Same Face: A Formal Analysis of the Maji Maji War Heroes' Statues, in: UMMA: The Journal of the Contemporary Literature and Creative Arts. Volume 9 (1), 2022.
178 Vgl. Remembering the dismembered: Memory of colonial violence and the repatriation of ancestors: Songea Mbano, in: rememberinghumanremains.wordpress.com.
179 Vgl. ebd.
180 Vgl. Athanasy Gregory: The Role of Women in Maji Maji War from 1905 to 1907 in Matumbiland, Ngindo and Ngoniland War Zones, Tanzania, in: East African Journal of Education and Social Sciences. Vol. 1, No. 3, Oktober-Dezember 2020.
181 Vgl. Remembering the dismembered.
182 Vgl. Luca Vogel: Tansania fordert offiziell Schädel von deutschen Museen zurück, in: eufrika.org, 6.3.2018.
183 Vgl. Flower Manase: The Maji Maji Annual Cultural Festival as a Healing Practice. Abstract, in: vr-elibrary.de, April 2022.
184 Vgl. Maji Maji War Memorial Museum, in: nmt.go.tz.
185 Vgl. Majaliwa mgeni rasmi maadhimisho ya Maji Maji, in: tanzaniaweb.com. 21.2.2021.
186 Vgl. Katibu mkuu wa maliasili atoa agizo tamasha la Maji Maji Songea, in: msumbanews.co.tz, 26.2.2021.
187 Vgl. Ministry of Finance and Planning, National Bureau of Statistics and Njombe Regional Secretariat: Njombe Region: Socio-Economic Profile 2018, in: njombe.go.tz, November 2020.

188 Vgl. Monson: Gedenken um der Zukunft willen.
189 Vgl. michuzijr.blogspot.com, August 2010.
190 Vgl. issamichuzi.blogspot.com, 26.7.2012.
191 Vgl. mwambawahabari.blogspot.com, 8.8.2019.
192 Vgl. Heiko Wegmann: Zwei Schritte vorwärts und einen zurück – Anmerkungen zur aktuellen Debatte um den Maji-Maji-Krieg in »Deutsch-Ostafrika«, in: freiburg-postkolonial.de, November 2005.
193 Vgl. magwizamapunda.blogspot.com, 30.8.2014.
194 Vgl. Alfred Fuko: Die schwierige Suche nach historischer Wahrheit, in: Der Maji-Maji-Krieg. Seiten 181-183.
195 Vgl. Makukula: 12 Chiefs with the Same Face.
196 Vgl. Schumann: Kaiserstraße. Seiten 161-162.
197 Vgl. Sven Felix Kellerhoff: Paul von Lettow-Vorbeck: Der letzte deutsche General kapituliert in Afrika, in: Die Welt, 25.11.2018.
198 Vgl. ebd.
199 Vgl. Birgit Morgenrath: Lettow-Vorbeck: Korrektur eines zweifelhaften Heldenepos, in: deutschlandfunk.de, 5.4.2014.

5. Verdrängen und Vergessen in Deutschland

200 Vgl. Das Liederbuch der Bundeswehr: »Kameraden singt!« ist nicht mehr zeitgemäß, sagt Michael Fischer, Direktor des Zentrums für Populäre Kultur und Musik, in: kommunikation.uni-freiburg.de, 19.6.2017.
201 Vgl. Paul Starzmann: Rassistische Kolonial-Nostalgiker, in: endstation-rechts.de, 6.10.2016.
202 Vgl. Bley: Deutsche Kolonialpolitik in Afrika 1904-1918. Seite 22.
203 Vgl. Koloniales Erbe im »Tansania-Park«, in: ndr.de, 23.12.2014.
204 Vgl. Robert Matthies: Antikoloniale Zombiekiller, in: taz, 9.12.2020.
205 Vgl. Informationen rund um die Straßenumbenennungen im Afrikanischen Viertel im Wedding, Berlin-Mitte, in: berlin.de, 25.11.2022.
206 Vgl. Zwei Straßen in Berlin-Wedding erhalten neue Namen, in: rbb24.de, 2.12.2022.
207 Vgl. Laura Hofmann: Afrikanisches Viertel: Anwohner wehren sich gegen Straßenumbenennungen, in: Der Tagesspiegel, 8.1.2019.
208 Vgl. Dirk Jericho: CDU will zwei Straßennamen im Afrikanischen Viertel umwidmen, in: berliner-woche.de, 14.2.2016.
209 Vgl. Andreas Schinkel: Lettow-Vorbeck-Allee hat einen neuen Namen, in: Hannoversche Allgemeine Zeitung, 31.10.2013.
210 Vgl. Ernst-Pinkert-Schule – Grundschule der Stadt Leipzig, in: leipzig.de.
211 Vgl. Utz Anhalt: Tiere und Menschen als Exoten – Exotisierende Sichtweisen auf das »Andere« in der Gründungs- und Entwicklungsphase der Zoos. Dissertation an der Universität Hannover, 2007. Seiten 333-334.
212 Vgl. Seeberg: Der Maji-Maji-Krieg. Seite 13.

213 Vgl. alt-wilhelmsburg.de/reiherstieg01.htm

214 Vgl. Marianne Bechhaus-Gerst: Konrad-Adenauer-Denkmal, in: desintegration.ihaus.org, Januar 2023.

215 Vgl. Grill: Die ewige Safari. Seiten 45-46.

216 Vgl. Andrea Lueg: Kolonialgeschichte im Schulunterricht – Zu weiße Perspektive?, in: swr.de, 26.8.2022.

217 Vgl. Steffen Vogel: Kolonialismus im Schulbuch: Was Schüler*innen heutzutage über den Kolonialismus lernen, in: rosalux.de, 20.8.2020.

218 Vgl. Fanny Kniestedt: Geschichtsunterricht: Kein Platz für deutsche Kolonialgeschichte?, in: deutschlandfunkkultur.de, 15.7.2020.

219 Vgl. Sebastian Xanke: Kolonialismus im Schulunterricht: Sollte der Lehrplan geändert werden?, in: Stuttgarter Nachrichten, 3.11.2021.

220 Vgl. Rassismuskritische Überarbeitung der hessischen Lehrpläne!, in: change.org, Januar 2023.

221 Vgl. Deutsche Kolonial- und Migrationsgeschichte wird in der Schule kaum bis gar nicht unterrichtet. Warum?, in: blackhistoryinbw.org, Januar 2023.

222 Vgl. Themenheft Kolonialismus, in: schule-ohne-rassismus.org, April 2022.

223 Vgl. Terkessidis: Das postkoloniale Klassenzimmer. Seite 48.

224 Vgl. ebd. Seiten 5-6.

225 Vgl. Themenheft Kolonialismus.

226 Vgl. Child labour and the youth decent work deficit in Tanzania, in: ilo.org, 2018.

227 Vgl. Interview mit Joachim Mwami: Was heißt Tauschwert auf Kiswahili?

228 Vgl. Dickson Ng'hily: ACT-Wazalendo: Our vision ahead of 2025 and beyond, in: thecitizen.co.tz, 20.2.2023.

229 Vgl. Mama Anna Mghwira Atangaza Kujiunga CCM, in: globalpublishers.co.tz, 8.12.2017.

230 Vgl. Dorothee Braun: Polarization, Protest, and Politics as Usual, in: rosalux.de, 12.9.2020.

231 Vgl. Lucy Ilado: Tanzania: Vitali Maembe arrested over »controversial song«, in: musicinafrica.net. 3.11.2021.

232 Vgl. Johannes Mundry: Uraufführung in Kassel: Theaterprojekt macht Kolonialgeschichte zum Thema, in: hna.de, 3.10.2016.

233 Vgl. Terkessidis: Das postkoloniale Klassenzimmer. Seite 42.

234 Vgl. Germany: To name a street in Berlin after Tanzanian independence activist, in: thecitizen.co.tz, 30.11.2020.

235 Vgl. Translations on Sub-Saharan Africa, 1196-1203. Joint Publications Research Service. USA, 1972. Seite 9.

Literaturauswahl

Primärliteratur

Alexander Merensky: Wie erzieht man am besten den Neger zur Plantagen-Arbeit? Berlin, 1886.

Alexander Merensky: Die Berliner Mission während des Aufstandes in Deutsch-Ostafrika, in: Afrika 13, 1906.

Gustav Adolf Graf von Götzen: Deutsch-Ostafrika im Aufstand 1905/06. Berlin, 1909.

Monographien

Eric Burton: In Diensten des Afrikanischen Sozialismus. Tansania und die globale Entwicklungsarbeit der beiden deutschen Staaten, 1961–1990. Berlin, 2021.

Gerd Schumann: Kaiserstraße: Der deutsche Kolonialismus und seine Geschichte, Köln, 2021.

Gilbert Clement Gawana Gwassa: The Outbreak and Development of the Maji Maji War 1905–1907. Köln, 2005.

Heiko Wegmann: Vom Kolonialkrieg in Deutsch-Ostafrika zur Kolonialbewegung in Freiburg: Der Offizier und badische Veteranenführer Max Knecht (1874-1954). Freiburg im Breisgau, 2019.

Jigal Beez: Geschosse zu Wassertropfen: Sozio-religiöse Aspekte des Maji-Maji-Krieges in Deutsch-Ostafrika (1905-1907). Köln, 2003.

John Iliffe: A modern history of Tanganyika. Cambridge, 1979.

Karl-Martin Seeberg: Der Maji-Maji-Krieg gegen die deutsche Kolonialherrschaft: Historische Ursprünge nationaler Identität in Tansania. Berlin, 1989.

Karl Radek: Der deutsche Imperialismus und die Arbeiterklasse. Bremen, 1911.

Minu Haschemi Yekani: Koloniale Arbeit: Rassismus, Migration und Herrschaft in Tansania (1885-1914). Frankfurt a. M., 2019.

Sarah Ehlers: Europa und die Schlafkrankheit. Koloniale Seuchenbekämpfung, europäische Identitäten und moderne Medizin 1890–1950. Kritische Studien zur Geschichtswissenschaft Bd. 232. Göttingen, 2019.

Thorsten Altena: »Ein Häuflein Christen mitten in der Heidenwelt des dunklen Erdteils«: Zum Selbst- und Fremdverständnis protestantischer Missionare im kolonialen Afrika 1884-1918. Münster, 2003.

Sammelbände

Felicitas Becker / Jigal Beez: Der Maji-Maji-Krieg in Deutsch-Ostafrika 1905-1907. Berlin, 2005.

Hans-Martin Hinz: Mit Zauberwasser gegen Gewehrkugeln: Der Maji-Maji-Aufstand im ehemaligen Deutsch-Ostafrika vor 100 Jahren. Frankfurt a. M., 2006.

Ina Heumann, Holger Stoecker und Mareike Vennen: Dinosaurierfragmente: Zur Geschichte der Tendaguru-Expedition und ihrer Objekte, 1906-2018. Göttingen, 2018.

Isaria N. Kimambo / Gregory H. Maddox / Salvatory S. Nyanto: A new history of Tanzania. Dar es Salaam, 2017.

Michelle Gordon / Rachel O'Sullivan: Colonial Paradigms of Violence: Comparative Analysis of the Holocaust, Genocide, and Mass Killing. European Holocaust Studies, Vol. 4. Göttingen, 2022.

Ulrich van der Heyden / Achim von Oppen: Tanzania: Koloniale Vergangenheit und neuer Aufbruch. Münster, 1996.

Ulrich van der Heyden, Franziska Benger: Kalter Krieg in Ostafrika: Die Beziehungen der DDR zu Sansibar und Tansania. Münster, 2009.

Ulrike Lindner / Dörte Lerp: New Perspectives on the History of Gender and Empire: Comparative and Global Approaches. London, 2018.

Wissenschaftliche Aufsätze

Athanasy Gregory: The Role of Women in Maji Maji War from 1905 to 1907 in Matumbiland, Ngindo and Ngoniland War Zones, Tanzania, in: East African Journal of Education and Social Sciences. Vol. 1, No. 3, Oktober-Dezember 2020.

Eliah S. Mwaifuge: German Colonialism, Memory and Ebrahim Hussein's Kinjeketile, in: Research on Humanities and Social Sciences. Vol. 4, No. 28, 2014.

Dominicus Zimanimoto Makukula: 12 Chiefs with the Same Face: A Formal Analysis of the Maji Maji War Heroes' Statues, in: UMMA: The Journal of the Contemporary Literature and Creative Arts. Volume 9 (1), 2022.

Jürgen Zimmerer: Bismarck und der Kolonialismus, in: APuZ – Aus Politik und Zeitgeschichte. 20.3.2015.

Klaus Bachmann / Gerhard Kemp: Was Quashing the Maji-Maji Uprising Genocide? An Evaluation of Germany's Conduct through the Lens of International Criminal Law, in: *Holocaust and Genocide Studies.* Volume 35, Issue 2, 2021.

Schule und Kolonialismus

Mark Terkessidis: Das postkoloniale Klassenzimmer. Berlin, 2021.

Steffen Vogel: Kolonialismus im Schulbuch: Was Schüler*innen heutzutage über den Kolonialismus lernen, in: rosalux.de, 20.8.2020.

Themenheft Kolonialismus, in: schule-ohne-rassismus.org, April 2022.

Websites

amnesty.de
antifainfoblatt.de
bpb.de
bundestag.de
deutschlandfunk.de
deutschlandfunkkultur.de
dw.com
endstation-rechts.de
freiburg-postkolonial.de
giz.de
heise.de (Onlinemagazin Telepolis)
hsozkult.de
kas.de
nmt.go.tz
rememberinghumanremains.wordpress.com
rosalux.de
schule-ohne-rassismus.org
swr.de
thecitizen.co.tz
zeitschrift-luxemburg.de

Zeitungen und Zeitschriften

ak – analyse & kritik
Der Spiegel
Der Tagesspiegel
Die Zeit
Frankfurter Allgemeine Zeitung
junge Welt
nd.DerTag / nd.DieWoche
Stuttgarter Nachrichten
taz / Die Tageszeitung